BIBLIOTHÈQUE DU VIEUX PARIS

ADOLPHE JULLIEN

Amours d'Opéra

Au XVIIIe Siècle

L'Académie de Musique

Histoire de l'Église du Diable — Mlle Pélissier et Lopez Dulis

Mlle Petit et le Marquis de Bonnac — Grimm et Mlle Leclerc

Mlle Saulnier et le Prince Kabardinski

Ouvrage orné de six planches hors texte

PARIS (IXe)

H. DARAGON, ÉDITEUR

96-98, Rue Blanche, 96-98

MDCCCCIX

AMOURS D'OPÉRA

AU XVIIIe SIÈCLE

Il a été tiré de cet ouvrage :

10 exemplaires sur Japon Impérial de Tokio,
numérotés (1 a 10)

BIBLIOTHÈQUE DU VIEUX PARIS

ADOLPHE JULLIEN

Amours d'Opéra

Au XVIIIe Siècle

L'Académie de Musique

Histoire de l'Église du Diable -- Mlle Pélissier et Lopez Dulis

Mlle Petit et le Marquis de Bonnac -- Grimm et Mlle Leclerc

Mlle Saulnier et le Prince Kabardinski

Ouvrage orné de six planches hors texte

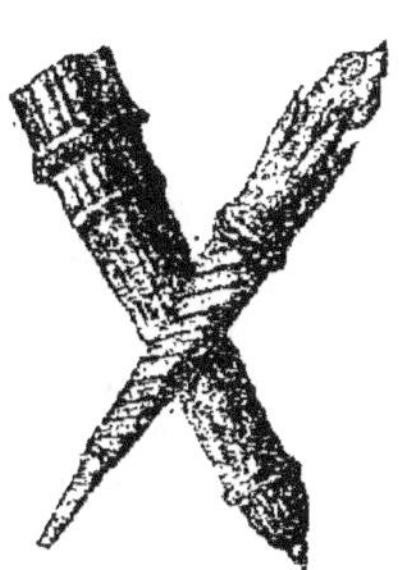

PARIS (IXe)

H. DARAGON, ÉDITEUR

96-98, Rue Blanche, 96-98

MDCCCCVIII

PRÉFACE

Tout recommence en ce monde, a-t-on coutume de dire, et cette grande vérité n'est jamais plus sensible que lorsqu'on pénètre au fond des choses du théâtre et de la galanterie où l'on voit toujours se nouer les mêmes intrigues, se combiner les mêmes manœuvres, se dresser les mêmes pièges, se jouer les mêmes comédies, et, de même que les dupes et dupeurs ne changent guère, de même les railleries dont les poursuit la malice du public tournent toujours dans le même cercle et, n'était

que certains menus détails diffèrent, ne pour-
rait-on pas établir que l'esprit des beaux railleurs,
à quelque époque qu'ils appartiennent, vit sur un
fonds de plaisanteries et de quolibets qui ne
varient guère? En effet, c'est surtout durant le
dix-huitième siècle, véritable âge d'or de la débauche élégante et du libertinage spirituel, que se
produisit cette merveilleuse poussée de l'esprit
français s'éparpillant en une multitude de mots
piquants, de pointes ironiques, de petits vers mor-
dants, de sous-entendus grivois que provoquaient
les mille intrigues galantes de la Cour, de la ville
et des coulisses. Mais entre tant d'aventures scandaleuses, combien sont mal connues de nous,
parmi les plus divertissantes, pour ne pas dire les
plus épicées; combien d'histoires passablement
scabreuses et tournant toujours autour de la « bagatelle », comme disaient nos aïeux, mais qui
changent cependant un peu d'aspect selon les
circonstances qui les ont fait naître et qui, toutes,
aboutissent à des bons mots, à des réparties, à des
saillies dont le siècle suivant, celui qui vient de
finir, ne s'est pas fait faute de profiter!

De quelles armes satiriques n'usaient pas les
railleurs du dix-huitième siècle et de quelles autres
les plaisants du dix-neuvième se sont-ils jamais

servis? Epitaphes anticipées, demeures ou devises imaginaires, surnoms à double sens, cadeaux supposés à l'occasion d'une fête, rôles ou pièces à jouer de préférence à d'autres, est-ce que ce ne sont pas là jeux de langue et de plume auxquels les gens d'esprit malicieux des deux derniers siècles étaient passés maîtres et n'arrêtaient pas de s'escrimer pour le plus grand plaisir de la galerie que ces railleries divertissaient fort et qui se jetait avidement sur toutes les nouvelles méchancetés courant par la ville? Et voyez avec quelle rapidité circulaient tout dernièrement, à peine fabriqués, tant de surnoms très cruels, très spirituels, très bien trouvés pour la plupart, mais dont plus d'un avait déjà servi pour désigner d'autres victimes. Et l'indication de rues où loger diverses personnes selon leur vie intime, leurs amours, leur carrière ou leur caractère n'était-elle pas encore un genre de plaisanterie extrêmement goûté au dix-huitième siècle, avant qu'on n'en usât, presque jusqu'à l'abus, au siècle dernier? Qu'on logeât alors Gluck rue du Grand-Hurleur ou tel autre compositeur léger, quelque Auber du temps, rue des Petits-Champs; qu'on envoyât rue de la Fidélité certaine actrice généralement connue pour son humeur capricieuse et changeante ou *rue des Deux-Boules quelque « greluchon » réputé pour sa valeur dans les combats d'amour, et tout le monde aussitôt de comprendre et de rire, exactement comme lorsque, un siècle plus tard, on indiquera la grande comédienne sur le retour Arnould-Plessy comme devant demeurer rue de l'Ancienne-Comédie ; l'éblouissante Léonide Leblanc rue d'Aumale ou rue Monsieur le Prince, la danseuse Laure Fonta rue Pirouette, l'ardente Jane Essler rue du Petit-Musc ou rue du Bel-Respiro ; les deux sœurs Bernhardt, l'une, Jeanne, rue de Braque, et l'autre, la « Grande Sarah », rue de l'Arbre-Sec.*

Les épitaphes anticipées n'étaient-elles pas courantes au dix-huitième siècle? Et lorsque vous relisez celle-ci par exemple faite pour un archevêque, l'archevêque d'Aix, grand ami du beau sexe :

> Ci-gît le prélat Boisgelin
> Que plus d'un décret canonise
> Tant il fut bien avec l'Eglise. —
> Pourquoi donc ? — C'est qu'elle est du genre féminin.

est-ce qu'il ne vous revient pas aussitôt en mémoire toute la série des épitaphes composées il y a

déjà plus de trente ans pour les membres alors
vivants de l'Académie Française :

Ci-gît le professeur de Faculté Patin ;
Il était fort en grec et moins fort en latin.

Il est mort, Victor de Laprade.
Ses vers l'avaient rendu malade.

Passant, ne trouble pas le sommeil de Carné ;
A son tour de goûter ce qu'il nous a donné.

sans oublier les trente-sept autres ?

L'image, alors comme aujourd'hui, venait par-
fois au secours de la plume, mais rarement, très
rarement, ce qui s'explique par la cherté du pro-
cédé de la gravure ; mais il courait quand même,
de temps à autre, de plaisantes caricatures sur des
artistes célèbres de l'Opéra, ou plutôt des dessins
allégoriques dont tout le monde, à l'époque où ils
parurent, j'entends tout le monde des salons et
des coulisses, comprenait très facilement le sens.
Rappelez-vous l'image où, dans une chambre
remplie d'attributs significatifs et licencieux,
Mademoiselle Lemaure, vêtue moitié en nonne,
moitié en sujet d'Opéra, se débat entre deux
abbés qui la dépouillent, l'un de ses habits reli-
gieux, l'autre de ses habits de théâtre, tandis que,

par derrière, un troisième agite une bourse comme
pour la décider à rentrer à l'Opéra et que, tout au
fond, caché dans la garde-robe, le directeur
Thuret entr'ouvre la porte pour savoir si la chanteuse va enfin lui revenir. Etait-il besoin de lire
le titre : Mlle Lemaure, problème d'Opéra, 1740,
avec cette légende latine au-dessous : Inter duos
litigantes tertius gaudet, pour deviner qu'on raille
ici les incessantes sorties et rentrées de Mademoiselle Lemaure et qu'entre les deux débattants,
l'abbé Pellegrin, qui veut faire rentrer la dame
à l'Opéra, et l'abbé Bizot, qui s'efforce de la retenir au couvent, le troisième, l'abbé de Lagarde,
se réjouit de voir sa maîtresse, ainsi tiraillée de
droite et de gauche, ne plus porter bientôt aucun
costume, ni celui de chanteuse, ni celui de non-
nain. Rappelez-vous aussi la gravure où, quelque
trente ans plus tard, Mademoiselle Guimard était
représentée se balançant avec coquetterie entre le
prince de Soubise qui jouait de la pochette, l'évêque d'Orléans, M. de Jarente, qui soufflait dans
un serpent, et le danseur Dauberval qui sonnait
du cor tandis que, gravement appuyé sur un balai
et battant la mesure, le richissime financier et
musicien amateur, Delaborde, dirigeait du geste
et de l'œil ce « concert à quatre » : tel était, en

*effet, le titre de cette estampe satirique qui réunis-
sait, autour de la célèbre danseuse, les plus mar-
quants d'entre ceux auxquels elle accordait, dans
le même temps, ses faveurs plus ou moins chère-
ment payées.*

*Ecoutez encore ces deux histoires. Il se joue sur
un théâtre de Paris une pièce où les filles les plus
à la mode sont représentées et bafouées sous des
figures et des noms d'emprunt; le public paraît
prendre goût à la chose et le succès se dessine;
alors les filles galantes, qui se sentent menacées et
dépréciées, excitent leurs amis, leurs soupirants,
leurs banquiers, et tous, ayant à leur tête le très
noble amant d'une des plus hautes d'entre elles,
se rendent auprès du directeur du théâtre, le som-
ment de dévoiler le nom de l'auteur anonyme de
cette pièce, et, sur son refus, le menacent de mettre son théâtre en interdit, puis de lui infliger, à
lui, le traitement qu'ils destinaient à l'auteur, s'il
n'arrête pas, de son propre mouvement, les représentations de cette pièce offensante pour leurs
dames, tant et si bien que le dit directeur, ne voulant pas se compromettre et malgré les désirs du
public pris en masse, interrompt sans plus tarder
ce spectacle si dangereux pour lui : les filles triomphent.*

Une autre fois, dans un autre théâtre et toujours à Paris, six des plus belles actrices de la troupe, fort peu comédiennes mais croyant l'être, se trouvent humiliées qu'on les réduise à l'emploi de figurantes pour danser à la fin d'une pièce une danse en vogue. A leur instigation, de jeunes désœuvrés, guidés par un viveur de grand nom, se rendent chaque soir au théâtre, y font un tapage d'enfer, s'en prennent aux banquettes, aux instruments de l'orchestre, accompagnent par des lazzi et des sifflets toute la comédie et surtout la scène où leurs belles se mettent à danser, en sorte qu'au bout de trois ou quatre représentations, le tumulte augmentant chaque soir et les spectateurs du parterre entrant en bataille réglée avec les manifestants de l'orchestre, il faut que la police fasse évacuer la salle et retirer la pièce de l'affiche : ici encore le sexe aimable a le dessus.

Ecoutez, comparez, méditez ces deux histoires absolument semblables et dont le résultat fut identiquement le même, à cent ans d'intervalle, observez ces deux manifestations, et dites, si vous le pouvez deviner avant que les titres ne vous l'indiquent, laquelle se déroula vers la fin du dix-huitième siècle et laquelle au milieu du dix-neuvième ; laquelle fut provoquée par la représentation des Curiosités de la Foire au *théâtre d'Audinot*, en 1775, et eut pour principal auteur le duc de Durfort, protecteur en retraite de la Duthé, entouré de nombreux jeunes seigneurs ; laquelle suivit l'apparition du Cotillon au Vaudeville, en 1862, et fut organisée principalement par les membres du Jockey-Club, ayant à leur tête le duc de Gramont-Caderousse, encore tout fiers d'avoir empêché, douze mois plus tôt, les représentations de Tannhæuser et qui ne bataillèrent pas avec moins de feu pour les beaux yeux de Mesdemoiselles Cellier, Manvoy, Pierson, Bianca, Germa, etc., que contre Richard Wagner.

Vous le voyez sans qu'il soit besoin d'en donner plus de preuves : tout n'est que recommencement en ce monde et l'esprit gaulois dont nous sommes si justement fiers se meut, en somme, dans des limites assez restreintes ; mais il n'en est que plus curieux d'observer avec quelle abondance inépuisable il se renouvelle selon le temps et les circonstances, de même que les histoires ou aventures qui l'échauffent et le font jaillir en de brillantes fusées se distinguent presque toujours entre elles par quelques particularités plus ou moins croustillantes. Et si, comme il est naturel, c'est dans les annales secrètes de l'Opéra que nous devons faire la plus riche moisson de ces anecdotes instructives autant qu'amusantes, de ces brocards aussi libres que les scandales qui les provoquaient, n'hésitons pas à lever le voile qui les couvre et à rendre à quelques-unes de ces aventures et de ces pièces, jusqu'à présent tenues dans l'ombre, l'importance qu'elles ont eue dans l'histoire intime du théâtre et de la société au dix-huitième siècle. Au surplus, n'est-ce pas là reconstituer la meilleure partie de l'existence de nos pères, en leur restituant un peu de cet esprit dont ils furent si prodigues et dont nous fûmes, nous, les heureux bénéficiaires?

AMOURS D'OPÉRA

AU XVIIIe SIÈCLE

CHAPITRE I

Histoire de l'Eglise du Diable
Le Souper de Gruer
Les Curiosités de la Foire St-Germain

Les allégories satiriques abondent au dix-huitième siècle et c'était une des formes couramment employées par les colporteurs de nouvelles pour répandre la connaissance ou réveiller le souvenir des situations scabreuses ou des incidents scandaleux dont la ville et la Cour faisaient leur régal habituel. Les théâtres, et surtout l'Académie royale de musique, fournissaient presque sans relâche quelque aliment à la curiosité toujours en éveil de ces fabricants d'allégories : aussi s'en rencontre-t-il un grand nombre que la plupart des historiens dramatiques, déjà très abondamment fournis de matériaux, ont négligé d'indiquer, à supposer qu'ils les aient connues. Ce n'est pas là de la grande histoire, à coup sûr ; mais c'est de l'étude de mœurs très vraie, disons même très crue, car elle ne supporte ni exagération, ni atténuation : c'est le fait lui-même dégagé des ornements et des obscurités de l'histoire officielle. Mais ces allégories sont toujours un peu les mêmes et leur exposition deviendrait rapidement fastidieuse : il suffira donc d'en choisir quelques-unes parmi les meilleures et de les expliquer pour qu'une lumière subite éclaire bien des choses médiocrement édifiantes, mais non point autant de vilaines ni de honteuses qu'on pourrait le croire...

La première allégorie de notre choix remonte à 1733. C'est une histoire secrète et allégorique de l'Opéra, histoire à venir et qui ne vint jamais, mais dont les chapitres sommaires furent seuls rédigés — c'était déjà bien assez — à l'exemple de ceux qui avaient paru sur Papirius au temps de la Régence. La copie manuscrite et complète se trouve dans le recueil de chansons historiques et politiques conservé à la Bibliothèque Nationale et connu sous le titre abréviatif de *Recueil de Maurepas*. Le rédacteur du *Journal de la Cour et de Paris*, qui en a donné une version quelque peu adoucie, a supprimé entièrement deux des chapitres les plus importants sous prétexte que « cette satire grossière attaquait des personnes respectables par leur rang et leur naissance ». Prudence louable à coup sûr puisqu'il s'agissait du prince de Carignan et du premier ministre, le cardinal de Fleury ; mais outre que la satire de ces chapitres n'est pas plus grossière que celle des autres, le prince et la princesse de Carignan avaient tout fait pour détruire le respect dû « à leur naissance et à leur rang ».

CHAPITRES SOMMAIRES
DE L'HISTOIRE DE L'ÉGLISE DU DIABLE

CHAPITRE PREMIER

Comme quoi le Diable, ne se ramentevant nullement de son trébuchement, désira avoir temple et église cathédrale pour y être adoré comme Dieu.

CHAPITRE II

Des nones reçeu iceux temples et icelle église cathédrale, et comment icelle fut premièrement desservie.

Chapitre III

Comme quoi le Diable, pour établir évesques à soy convenables et en tout dissemblables à ceux de Dieu, qui doivent être élevés en toute sainteté, voulut que les siens fussent nourris et consommés en toutes sortes de vices, et pour ce ordonna qu'ils seraient appelés d'Italie.

Chapitre IV

Comme quoy Baptista Culi (1) fut premier évesque de l'église du Diable, comme quoy il était né ez terres papales, et comme quoy, selon l'ordre de Satan, il fit règlements par lesquels il ordonnait que les prestres et nonnes qui serviraient dans le temple feraient preuve, tant pour eux que pour leurs père et mère, de rhuffisanisme, bâtardise, maquerellage, etc. ; et comme quoy aucuns d'iceux ni d'icelles n'y ont depuis failly.

Chapitre V

De l'us de faire le service dans icelle cathédrale, et comme quoy aucuns des prestres et nones chantaient cantiques diaboliques faits exprès pour la corruption de la jeunesse, cependant qu'aucuns autres brailloient, trépignoient, et qu'aucunes des nones sautoient jusqu'à montrer leurs vergognes salles.

---

(1) Est-il besoin de dire qu'il s'agit ici de Jean-Baptiste Lulli, Florentin de naissance et d'après la satire de La Fontaine ?

Chapitre VI

Comme quoi l'evesque Culi, après avoir siégé par laps de tems pour la plus grande gloire du Diable, alla de vie à trépas, et comme quoi fut enterré en beau mausolée, jaçoit que chacun cuidât avoir de ses cendres.

Chapitre VII

Comme quoi Frisani, son parent, lui succéda ; sous le pontificat duquel fut construite la sacristie pour l'éducation des nones (2).

(2) Frisani représente Jean-Nicolas de Francini, gendre de Lulli, mort à Paris le 6 avril 1735 : il put donc avoir connaissance de la façon dont il était traité dans cette pièce. C'est lui, en effet, qui fit construire rue Saint-Nicaise, l'hôtel de l'administration de l'Opéra, où se trouvait aussi l'école de danse, et qu'on appelait le Magasin. Francine dirigea l'Opéra à deux reprises différentes, d'abord de 1687 à 1704, puis de 1712 à 1728 ; dans l'intervalle, il fit cession de son privilège au sieur Guyenet, payeur de rentes, qui fit encore déchoir l'Opéra pendant les trois années que dura sa direction. Trois ans après que Francine avait repris la direction en association avec Dumont, des lettres patentes du 2 décembre 1715 mirent le directeur de l'Opéra sous une sorte de protectorat de grands seigneurs administrant et surveillant l'Académie de musique au nom de la Cour : le premier fut le duc d'Antin, conjointement avec M. de Landivisiau, maître des requêtes. Cette innovation créa des difficultés de détail et d'administration qui firent bientôt supprimer ce nouvel emploi et rendre à Francine la direction absolue du théâtre, qu'il conserva jusqu'au 1er avril 1728. Il eut pour successeur le grand compositeur André-Cardinal Destouches lequel, au bout de deux ans, céda son privilège, moyennant 300.000 livres, au capitaliste Gruër. Celui-ci fut le premier directeur sous les ordres du prince de Carignan ; il fut nommé par arrêt du Conseil du 1er juin 1730 pour trente-deux ans dont le point de départ était reporté au 1er avril précédent : sur ces trente-deux ans, il n'en resta guère plus d'un directeur. (Archives de l'Opéra. *Registres des Menus-Plaisirs* ; Précis sur les différentes entreprises de l'Académie royale de musique).

Chapitre VIII

Des vilainies et friponneries du susdit Frisani ; comme quoi mangeoit et ribaudoit toutes les fondations et comme quoi avec sa garce lumineuse il souloit brûler la chandelle par les deux bouts (1).

Chapitre IX

Où se voit le martirologe et se lisent les noms d'aucuns princes, ducs, chevaliers, ambassadeurs et autres riches pécheurs, lesquels, pour l'amour du Diable et l'entretient de ses nones, se sont dépouillés à l'envie de tout leur avoir ; d'où s'est ensuivy leur ruine totale.

Chapitre X

Comme quoi Dieu, cuidant rappeler à luy iceux pécheurs, affligea icelui évesque, ses prestres et nones d'une lèpre, dont se souilloient immancablement chacuns et chacunes qui avoient leur accointance.

Chapitre XI

Comme quoi l'évesque Frisani fut déposé et emporta quant à luy quantité des offrandes du temple.

Chapitre XII

Comme quoi l'évesque Gruër lui succéda, lequel ne

---

(1) La maîtresse de Francine s'appelait Chandelière. Une note du manuscrit dit par erreur qu'il s'agit de la Berthelin, receveuse à l'Opéra : que signifieraient alors toutes ces plaisanteries *lumineuses* ?

MADAME DU GAZON.
Reçue à la Comédie italienne
en 1776

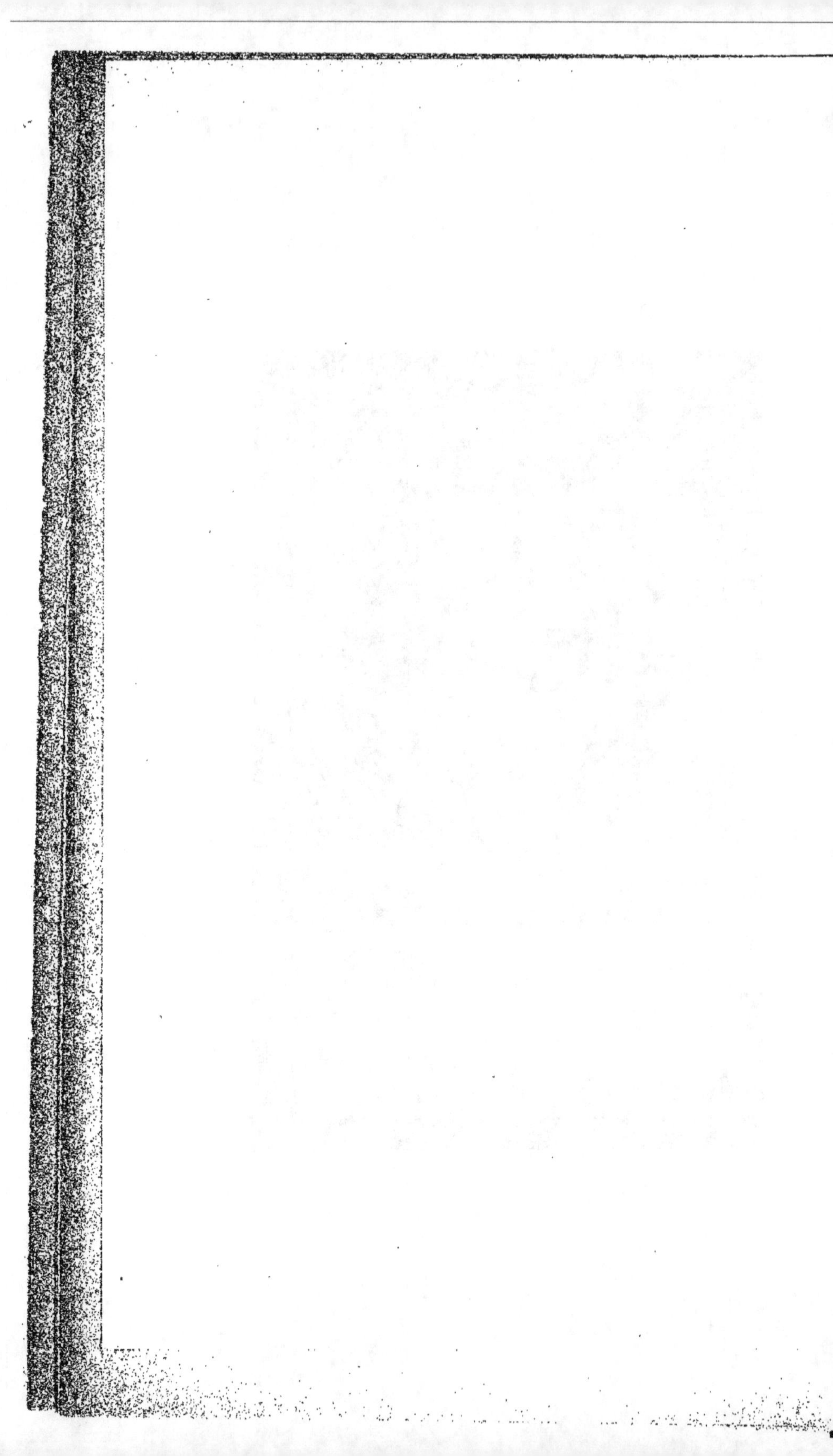

tint le siège moult de temps, ainsi fut chassé pour
n'être Italien, et avoir fait gambader dans la sacristie
plusieurs nones nues en présence de ses grands
vicaires.

Chapitre XIII

Comme quoi Dieu, désirant abolir ce temple de
perdition, se servit du canal de la Bâtarde d'Allobroc,
née ez basses marches d'Italie.

Chapitre XIV

S'en suit la chronique d'icelle bâtarde, comme issue
d'un père sicophante et d'une mère putain. Etoit méchante, sans foy, sans honneur, j'açoit qu'elle fit la
bigotte ; comme quoi épousa le prince Sbrigani, comme
quoi ribaudoit avec le vieil Hercules, ça jà n'en pouvait
plus ; comme quoi le menoit par le nez et lui faisoit
faire sotises et injustices sans nombre ; lesquelles
toutes tournoient au profit d'icelle bâtarde (1).

(I) Le prince Sbrigani et la bâtarde d'Allobroc représentent
le prince et la princesse de Carignan ; Hercule est le cardinal-
ministre André-Hercule de Fleury, alors âgé de quatre-vingts ans.
Victor-Amédée, troisième prince de Carignan, lieutenant général
des armées de France et de Savoie, avait épousé une fille naturelle du roi Amédée II : il mourut à Paris en 1741, laissant un
fils unique, Louis-Victor-Joseph, qui épousa Christine de Hesse-
Reinfeld et mourut en 1778. Le prince de Carignan avait, le
Ier avril 1730, proposé à la Cour de faire construire pour l'Opéra
une salle plus grande que celle du Palais-Royal dans son hôtel
de Soissons et le roi, agréant une partie de ses propositions, avait
attribué au prince l'inspection générale de l'Opéra, comme le
duc d'Antin l'avait eue auparavant. Le Prince, à son tour, avait
choisi pour directeur, Gruër, qui s'était associé avec Coustard,

Chapitre XV

Comme quoi le Prince Sbrigani étoit insigne paillard pourri et maître passé en tout genre de friponneries et de bassesses, à la recommandation d'icelle bâtarde, sa femme, reçeut bulle qui l'installa évesque de la cathédrale du Diable, et prit pour son vicaire un Comte borgne (1). Et comme quoi ledit temple commença alors à aller de mal en pis sous le Prince Sbrigani, qui, après avoir moult pillé, se démit de l'épiscopat.

Chapitre XVI

Comme quoi le siège fut tenu, après, par Saint-Egide (2). Cy est la chronique du dit Saint-Egide,

secrétaire du roi; Le Bœuf de Vandahon, président de la chambre des comptes de Dôle, et Le Comte, sous-fermier des Aydes : cette association fut presque aussitôt rompue et Gruër en forma une autre avec les sieurs Mogniac et Hennes, qui fut confirmée par arrêt royal du 1er décembre 1730 (Archives de l'Opéra, *Registres des Menus-Plaisirs*. Précis sur les différentes entreprises de l'Académie royale de musique).

(1) Le Comte, fils d'un rôtisseur, prit la direction de l'Opéra après le renvoi de Gruër, et eut pour associé le président Lebœuf. Cette direction ne fut ni plus heureuse ni plus longue que les précédentes, car elle ne dura que vingt mois et ne représenta que quatre ouvrages nouveaux.

(2) Saint-Egide est le comte de Saint-Gilles, d'origine piémontaise. Il ne succéda pas au prince de Carignan-Sbrigani qui était toujours inspecteur général, mais au directeur Le Comte, qui avait continué encore après avoir rompu avec Lebœuf, mais qui voyant la direction de l'Opéra devenir toujours plus à charge, avait fait cession de son privilège à M. de Saint-Gilles et au baron prussien de Kraut, sous le nom de Cantrel. Cette cession n'ayant pas été approuvée par le roi, Le Comte proposa alors un ancien officier au régiment de Picardie, Thuret, que le roi agréa par arrêt du 30 mai 1733, toujours sous la surveillance du prince de Carignan.

lequel n'étoit autre qu'un avanturier venu du pays des Marmottes ; lequel se faisoit appeler comte pour rire, et jaçoit qu'il n'eut esprit ne rentes, paillardoit avec gentilles garces, et dépensoit moult bien au grand émerveillement de tous.

CHAPITRE XVII

Comme quoi Dieu, voulant accélérer de plus en plus la ruine de l'église de Satan, inspira à noble chevalier Casbras de musiquer aucunes mauvaises litanies faites par le père des Chats en l'honneur du Diable ; en quoi icelui preux et dextre chevalier ouvra si très parfaitement selon le vœu de Dieu que tous les pécheurs saisis et glacés se sauvèrent du temple, et onc depuis n'ont voulu y rentrer. De laquelle désertion s'est ensuivie la fuite de l'évesque de Saint-Egide, qui n'oublia d'emporter tout ce qu'il put.

Qu'est-ce donc que ce chevalier Casbras et ce père des Chats ? Le premier n'est autre que René de Béarn, marquis de Brassac — l'anagramme est exacte — amateur de musique et compositeur, mais appartenant au métier des armes : d'abord officier de carabiniers, puis brigadier des armées du roi, il devint maréchal de camp en 1769. A défaut d'un grand renom militaire, il laissa deux ballets dont il avait composé la musique, *l'Empire de l'Amour* (1733) et *Léandre et Héro* (1750), plus un livre de cantates pour voix seule qu'il s'était donné la satisfaction de faire graver. Le père des Chats est bien connu : c'est l'académicien Paradis de Moncrif, lecteur de la reine Marie Leczinska, sous-directeur et fournisseur attitré du théâtre particulier de Madame de Pompadour et surtout auteur de cette histoire apologétique des Chats où il établissait la prééminence absolue de la race féline dans la société, et qui lui valut ce plaisant surnom, inséparable aujourd'hui du nom de Moncrif. Pour la pièce due au travail commun de ces deux auteurs, et à laquelle est méchamment attribuée la désertion de l'Opéra par le public et la déchéance du comte de Saint-Gilles, c'est un ballet héroïque en trois actes et un prologue joué le 14 avril 1733 et intitulé *l'Empire de l'Amour*. Les interprètes chantants étaient Chassé (Thésée et Adonis), Tribou, Dun ; Mlles Pélissier, Lemaure, Eremans, Julie, et les interprètes dansants : Javillier, D. Dumoulin, Dupré et Mademoiselle Camargo. La réussite fut, en effet, assez médiocre bien que le *Mercure* jugeât le poème de Moncrif « plein d'esprit et fort orné de traits fins et délicats », et aussi malgré la magnifique décoration du troisième acte, qui représentait le temple du Génie du feu.

Les louanges du *Mercure* étaient acquises

d'avance au poëte qui avait eu le bon esprit de publier dans ce recueil d'importants fragments de son ouvrage ; mais, à défaut de journaliste ou de mémorialiste qui nous renseigne sur la valeur réelle de cet opéra, il peut être piquant de connaître l'opinion de Voltaire qui en parle par trois fois dans sa correspondance. A chaque fois son avis change, au moins dans l'expression, qui suit une progression laudative bien curieuse à observer. Avant la représentation, il écrit à M. de Cideville, le 25 février : « *Le Paresseux*, de De Launai, paraîtra après Pâques, et dans le même temps, le chevalier de Brassac ornera l'Opéra de son petit ballet. Voilà toutes les nouvelles du Parnasse, auxquelles je m'intéresse plus qu'à la mort du roi Auguste. » Presque immédiatement après l'exécution, il mande à son ami, le 21 avril : « J'ai peur qu'il (Fromont) ne vous ait mandé bien du mal de l'opéra du chevalier de Brassac ; nous le raccommodons à force, et j'espère vous en dire beaucoup de bien au premier jour. » En effet, un mois après, il écrivait, non plus à Cideville, mais à Thiériot, en date du 15 mai : « L'opéra du chevalier de Brassac, sifflé indignement le premier jour, revient sur l'eau et a un très grand succès. Ceux qui l'ont condamné sont aussi honteux que ceux

qui ont approuvé *Gustave*. » — Annonce dédai-
gneuse, pitié ironique, louange intéressée, telles
sont les phases bien distinctes du jugement porté
par Voltaire sur l'opéra du chevalier de Brassac.
Cette pièce fut reprise en 1741, avec le séduisant
Jélyotte dans un des rôles créés par Chassé et un
acte nouveau, *les Demi-Dieux*, qui parut préférable
aux précédents et où l'on applaudit un joli duo
chanté par Linus, fils d'Apollon, et Isénide, prê-
tresse de Vénus. Aussi cet acte fut-il le dernier
qui surnagea de tout l'ouvrage, car il reparut à la
scène, le 28 août 1750, sous le titre nouveau de
Linus, avec deux autres entrées de Moncrif,
Almasis et *Ismène*, composées à l'origine pour le
théâtre des Petits Cabinets et qui retrouvèrent à la
ville une partie du succès qu'elles avaient obtenu
à la Cour (1).

*
* *

Cette *Histoire de l'Eglise du Diable*, si elle
avait jamais été écrite, aurait été passablement
sommaire, car Gruër ne succéda pas directement
à Francine. Lorsque celui-ci avait quitté la direc-

(1) Voir sur Moncrif et sur ces pièces notre *Histoire du Théâtre de
Madame de Pompadour* (grand in-8, chez Baur, 1874), rééditée dans
la *Comédie à la Cour; les Théâtres de Société royale pendant le siècle dernier* in-4 carré, chez Firmin-Didot, 1883).

tion de l'Opéra, en 1728, et fait régler sa pension
de retraite à 18.000 livres, il avait été remplacé
par le compositeur Destouches, qui ne garda pas
ce poste plus de deux ans. Une ordonnance de
Louis XV arrêtait que les directeurs de l'Opéra
devaient payer le neuvième dû à l'Hôtel-Dieu,
après avoir prélevé 6.000 livres pour leurs frais à
chaque représentation ; mais, l'insuccès de l'entreprise ayant retardé ces paiements, un arrêt du
Conseil accorda au sieur Maximilien-Claude
Gruër le privilège exclusif de l'Opéra pendant
trente-deux années, commençant le 1er avril 1730,
à la charge de payer à l'Hôtel-Dieu et à l'Hôpital
général l'arriéré qui était dû pour le droit des
indigents. Gruër ne jouit pas longtemps de ce
privilège qui devait dépasser trente ans, car un
arrêt du Conseil d'Etat le révoquait dès le 30 novembre 1731, à la suite d'une scène de débauche
qui causa grand scandale dans la société pourtant si peu scrupuleuse de l'époque et que le
rédacteur des *Chapitres sommaires de l'Histoire
de l'Eglise du Diable* n'aurait eu garde d'oublier.

Qu'apprenons-nous, en effet, par le sommaire
du chapitre XII ? Que cet évêque, lisez ce directeur, fut congédié « pour n'être Italien et avoir
fait gambader dans la sacristie plusieurs nonnes

nues en présence de ses grands vicaires ». Mais la scène d'orgie qui suivit le festin offert par Gruër à ses administrées et à ses amis un beau jour de l'été de 1731, ne fut pas, comme on pourrait le croire, une scène de débauche vulgaire et courante, avec ronde échevelée et déshabillée ; elle empruntait à l'âge avancé de certains convives un caractère plus réfléchi, plus sérieux : ce fut comme un nouveau jugement de Pâris, avec cette différence qu'il y avait tout un tribunal au lieu d'un seul juge et que cinq déesses se présentèrent pour gagner le prix. Le mont Ida était remplacé par une salle du magasin de l'Opéra, rue Saint-Nicaise, et les fonctions si délicates du prince-berger étaient remplies par plusieurs amateurs du beau sexe, sous la présidence du directeur Gruër. C'étaient d'abord deux compositeurs : le vieux Campra, le nez surmonté de lunettes dont il n'aurait pu se passer pour bien juger, et le jeune Roger, nouvellement arrivé de Bourgogne, âgé de trente ans environ et s'étant déjà fait connaître par quelques cantates et par son opéra de *Pyrrhus*, qui n'avait pu être joué que sept fois, en 1730 ; c'étaient, enfin, quelques têtes chenues, parmi lesquelles un nommé Péronne et un certain Magnac ou Mogniac, celui-ci associé de Gruër, dont les noms, totalement inconnus, ne seraient jamais, sans cette histoire édifiante, arrivés jusqu'à nous.

Des cinq déesses qui se présentèrent sans voile devant ce grave aréopage, deux appartenaient à la troupe chantante et trois à la troupe dansante de l'Opéra. Les deux premières étaient Mesdemoiselles Pélissier et Petitpas : elles avaient débuté à l'Académie de musique à quelques mois de distance, ainsi que la Camargo, après la ruine du directeur de l'Opéra de Rouen, Pélissier, survenue en 1726 et qui les avait mises toutes trois sur le pavé. La Pélissier, fille naturelle de Mademoiselle de Meneton et de M. Marion de Druix, était née en 1707 ; elle avait donc alors dix-neuf ans. Mariée depuis peu au dit entrepreneur Pélissier, qui avait précédemment chanté à l'Opéra, elle avait eu de lui un fils qui fut plus tard attaché à l'orchestre de la Comédie Italienne ; c'est par le rôle de Thisbé, dans le *Pyrame et Thisbé* de Rebel et Francœur, qu'elle avait débuté le 17 octobre 1726 et, dès le premier soir, la chanteuse avait conquis le public autant par la beauté de sa voix et l'expression de son jeu que par l'élégance de sa personne et la distinction de ses traits (1).

(1) *Pyrame et Thisbé* avait pour interprètes principaux à cette première soirée : Muraire (Ninus), Thévenard (Pyrame), Chassé

Elle sut garder cette faveur pendant près de vingt ans et compta parmi les meilleurs rôles qu'elle ait tenus dès l'origine Diane, dans l'*Endymion* de Colin de Blamont ; Servolie, du *Scandenberg* de Rebel et Francœur ; Isbé, dans la pastorale héroïque de ce nom, de Mondonville ; Aricie enfin, Télaïre et Iphise dans *Hippolyte et Aricie, Castor et Pollux* et *Dardanus*, les trois chefs-d'œuvre de Rameau. « Elle était la première pour le jeu du théâtre, dit un mémoire manuscrit du temps, et l'une des premières de son espèce pour la coquetterie. » Mademoiselle Pélissier — Pilleresse, par anagramme — eut en effet des aventures, des galanteries presque fabuleuses ; mais sa conduite par trop libre finit par causer un tel scandale que l'administration de l'Opéra, pourtant assez difficile à effaroucher, lui conseilla, dit-on, de s'absenter pendant quelque temps. Elle passa alors en Angleterre, où sa camarade, Mademoiselle Petitpas, était allée deux ans plus tôt, et

Zoroastre), Mlle Antier (Zoraïde), Mlle Pélissier (Thisbé), Dun et Cuvillier, Mlles Eremans et Mignier. A la fin du premier acte se trouvait un agréable duo d'un rhythme très franc, sur la reprise duquel Mlle de Camargo dansait un pas fort applaudi. Le succès de ce morceau fut tel qu'il servit de thème principal à une contredanse favorite : c'est le premier air d'opéra qui ait subi une métamorphose de ce genre. Il s'appela tout d'abord *la Camargo* et on le retrouve sous ce nom dans la *Clé du Caveau.*

y remporta d'éclatants succès, sans parler des menus profits, mais elle n'y était pas encore en exil depuis un an qu'elle était rappelée à Paris pour remplacer la célèbre Lemaure, laquelle abandonnait l'Opéra par un coup de tête d'artiste vivement froissée dans son amour-propre (1). Mademoiselle Pélissier reparut, le 19 avril 1735, dans le rôle d'*Omphale* et chanta encore régulièrement pendant six années : elle prit sa retraite définitive en 1741, mais n'en jouit pas longtemps, car elle mourut à Paris le 21 mars 1759, avant d'avoir atteint quarante-deux ans (2).

1) Voir notre brochure : *l'Église et l'Opéra en 1735 ; Mlle Lemaure et l'évêque de Saint-Papoul* (in-8°, Detaille, 1877) rééditée dans *la Comédie et la Galanterie au XVIII° siècle* (in-8° écu, Rouveyre, 1874).

(2) Un mémoire très curieux, seul débris qui nous reste de la magnifique collection théâtrale de Beffara, détruite dans l'incendie de l'Hôtel de Ville en 1871, nous fournira les renseignements les plus précis sur tous les artistes de l'Opéra à cette époque ; le double de ce registre manuscrit, que Ch. Nuitter avait eu l'heureuse idée de faire copier, se trouve aujourd'hui aux Archives de l'Opéra ; il est intitulé : *Mémoire pour servir à l'histoire de l'Académie royale de musique, vulgairement Opéra, depuis son établissement en 1669 jusqu'à l'année 1758* ; mais, d'ordinaire, on l'appelle plus brièvement *Manuscrit Amelot*, parce que l'original provenait des papiers ayant appartenu à ce ministre. Voici l'article que nous y trouvons concernant Mlle Pélissier : « *Pélissier*, Demoiselle des rolles. On n'a point la datte de sa première entrée à l'Opéra (d'après le *Calendrier historique des Théâtres*, année 1752, chez Duchesne, elle aurait chanté à l'Opéra cinq ou six ans avant d'y être engagée définitivement, à la suite de la ruine de son mari à Rouen) ; mais elle rentrée à Pâques 1735 à 2500 livres d'appointemens, qui ont té augmentés à Pâques 1739 de 500 livres. Gratification annuelle de 1735 : 500 livres. Augmentée à Pâques 1740 de 500 livres et 100 livres de pain et vin. Retirée en octobre 1741. »

Mademoiselle Petitpas, née en 1706 et fille d'un serrurier de Paris, était d'un an plus âgée que sa camarade. Avant d'entrer à l'Opéra, elle avait joué pendant quatre ans sur les théâtres de la Foire (1), puis d'abord simple choriste ou, comme on disait alors, demoiselle de chœurs, elle avait débuté en qualité de chanteuse, le 22 janvier 1727, précisément par le personnage de Thisbé, qui avait déjà servi pour le début de la Pélissier. « L'Académie royale de musique a cessé les représentations de *Pyrame et Thisbé*, dit *le Mercure* de janvier 1727. Dans les trois dernières fois qu'on a joué cet opéra, la Demoiselle Petitpas, jeune personne fort bien faite, qui a des talents pour le théâtre et une fort belle voix, parut pour la première fois dans le rôle de Thisbé, qu'elle joua avec applaudissement. » Elle n'avait d'abord que douze cents francs d'appointements avec gratification annuelle de trois cents francs, mais elle vit son traitement s'élever rapidement à près de trois mille francs. L'année qui suivit l'aventure qui nous occupe, elle partit subitement sans congé et passa le détroit pour aller rejoindre, à Londres, lord Veymouth; mais elle rentra à l'Opéra dès l'année suivante et y resta jusqu'à

(1) *Calendrier historique des Théâtres*, chez Duchesne (année 1752

l'heure de la mort, qui la frappa subitement en octobre 1739. Elle n'avait pas encore trente-trois ans quand elle expira chez son constant mais trop consolable amant, le sieur Bonnier de la Mosson, trésorier général des Etats du Languedoc, que l'évêque de Montpellier avait excommunié à cause du scandale de ses relations avec une fille d'Opéra (1).

Mesdemoiselles Lemaure et Petitpas obtenaient de concert d'éclatants succès, sans avoir rien à s'envier l'une à l'autre, car la première brillait surtout par sa belle voix, par la façon pathétique dont elle déclamait le récitatif, tandis que la seconde faisait applaudir le charme et l'agilité de son organe, la pureté de ses vocalises, le fini de son chant: la première était une cantatrice dramatique, la seconde établit à l'Opéra l'emploi de chanteuse légère. Mademoiselle Pélissier se distinguait dans les deux genres, mais elle était surtout remarquable dans l'emploi de Mademoiselle Lemaure, à laquelle elle succéda comme tra-

(1) « *Petitpas*. Demoiselle des chœurs. Entrée à l'Opéra en 1726, aux appointements de 400 livres. Est party furtivement pour l'Angleterre le 26 novembre 1732. Rentrée à l'Opéra en 1735, temps auquel il lui fut donné 1400 livres d'appointemens et au Ier may 1737 une augmentation de 200 livres. Gratification annuelle en 1735 de 200 livres. Décédée le 24 octobre 1739. » (*Manuscrit Amelot*, aux Archives de l'Opéra.)

gédienne lyrique, et si elle faisait à l'occasion quelque heureuse incursion sur le domaine de Mademoiselle Petitpas, elle n'éprouvait nul désir de l'éclipser et les deux bonnes amies n'avaient aucune raison de se jalouser ni comme chanteuses ni comme femmes. En effet, les relations publiques de l'une avec un banquier juif et de l'autre avec un trésorier français, leur avaient fait attribuer le département des affaires religieuses et celui des finances dans le Ministère galant qu'elles étaient censées former avec leurs camarades Rabon et Du Rocher pour le plus grand honneur et bonheur de la France (1) et, déjà réunies dans ce gouvernement imaginaire, elles l'étaient également dans les chansons et logogriphes du temps :

> Lier, plier, pelle et sier
> Sont dans le nom d'une chanteuse
> Qui sçait comme il faut varier
> Un joli rôle d'amoureuse.
>
> Une nymphe à gosier charmant
> Dans les ariettes excelle,
> Ceux qui marchent tout doucement
> Expriment le nom de la belle (2).

(1) Article 68 de la *Constitution de l'Opéra*, opuscule facétieux de Chevrier, publié sans nom d'auteur en 1737.
(2) *Etrennes logigriphes du Théâtre et du Parnasse*, A Sipra, 1744

Des trois danseuses auxquelles revenait l'honneur de défendre le renom du corps de ballet
contre les prétentions rivales des plus jolies artistes du chant, les deux premières étaient des balle-
rines de peu de réputation, mais des filles galantes
de grand renom, deux sœurs communément
appelées *la Constitution* et *le Bref*. Elles s'appelaient, de leur vrai nom, Mesdemoiselles Duval
du Tillet; mais l'aînée, étant la fille de Cornelio
Bentivoglio, nonce du Pape et grand promoteur
de la Constitution du clergé, avait été surnommée
la Constitution ou la Bulle, et sa sœur cadette
avait reçu, par opposition, le titre de le Bref, si
bien que leur nom véritable avait été ainsi
éclipsé par ces plaisants sobriquets, et que ces
aimables sœurs étaient toujours appelées de la
sorte, au théâtre comme dans le monde. La troisième, enfin, n'était autre que la célèbre Marie-
Anne Cupis de Camargo, alors âgée de vingt et un
ans et qui a laissé un nom trop illustre dans les
fastes de la galanterie et de l'art chorégraphique
pour qu'il soit besoin d'en dire davantage, car ne
suffit-il pas de nommer la Camargo pour évoquer
à l'esprit toute une série de triomphes scéniques,
d'aventures scandaleuses, de méchancetés spiri-

tuelles, de couplets grivois et de poésies adula-
trices ou autres :

> Une danseuse que l'on court
> Brille sur la scène lyrique,
> Dans son nom l'on voit un nez court
> Qui finit par un peuple antique (1).

Le jugement était très difficile à rendre. Outre
que chacune des concurrentes s'appuyait sur des
titres sérieux et faisait valoir des mérites spéciaux
pour l'emporter sur ses rivales, les juges eux-mêmes, pénétrés de la gravité de leur mission, ne
voulaient se prononcer qu'en parfaite connaissance de cause et après avoir minutieusement
examiné et palpé les précieux avantages que les
cinq postulantes produisaient à l'envi pour s'é-
clipser l'une l'autre. Ces juges intègres ne se
pressaient nullement de rendre leur arrêt et pre-
naient plaisir à exciter l'espoir et la jalousie au
cœur de chacune des déesses rivales... Il leur

(1) *Etrennes logogriphes du Théâtre et du Parnasse*, A Sipra, 1744.
Camargo. — Danseuse, entrée à l'Opéra en 1726. Elle avoit, en
1735, 2200 livres d'appointemens ; elle a eu d'abord de faibles
appointemens, mais ses talents n'ayant pas tardé à se faire connoître, ils furent récompensés. Elle quitta l'Opéra au mois de
janvier 1735, pour des raisons particulières. Ces mêmes raisons
cessèrent en 1741. Elle rentra à l'Opéra aux appointemens de
2000 livres et 1000 livres de gratification annuelle. Mise à la
pension le 1er mars 1751. » (*Manuscrit Amelot*, aux Archives de
l'Opéra.)

fallut pourtant prendre un parti et se prononcer enfin entre tant de riches trésors : après de mûres délibérations et de judicieuses comparaisons, la palme — ou la pomme — fut attribuée, non pas tout d'une voix, mais à la simple majorité des suffrages, à Mademoiselle de Camargo.

Dès que cette aventure fut connue dans Paris, c'est-à-dire dès le soir même, les brocards commencèrent de pleuvoir sur les principaux acteurs de cette scène lubrique. Les plus débauchés et les plus libertins de la capitale furent ceux qui crièrent le plus fort contre un pareil scandale et qui se mirent en grands frais d'indignation pour cacher leur dépit de n'avoir pas participé à cette orgie. Les rimailleurs s'emparèrent aussitôt de l'anecdote et ce fut, pendant huit jours, une pluie de chansons polissonnes et satiriques sur l'histoire galante et divertissante arrivée au magasin de l'Opéra, le 4 juin 1731, en plein midi, les fenêtres ouvertes. Une des plus agréables, entre tant de pièces purement ordurières, est une allégorie du poète Gentil Bernard, intitulée *les Orgies*, que le sieur de Bois-Jourdain, écuyer de la grande Ecurie du Roi, a pris soin de noter dans ses *Mémoires* :

Depuis le jour où, captive en ses rêts
Vénus parut en attitude honnête,
Le dieu jaloux qui l'observa de près
S'est repenti d'avoir troublé la fête.
Depuis ce tems tous mystères d'amour,
Gentils ébats, joyeuse liturgie,
Lui sont plaisirs interdits pour toujours.
Pour célébrer ses nocturnes orgies,
Amour attend qu'il ait fini son cours,
Et ses bons tours ne se font qu'aux bougies.

Un jour Phébus, tout plein de ses regrets,
Lui dit : Faut-il qu'un éternel mystère
Au Dieu du jour dérobe tes secrets,
Et que la nuit en soit dépositaire ?
Oublie, Amour, que mes yeux indiscrets
Ont dévoilé les plaisirs de ta mère ;
J'ai beau tout voir, il est certains attraits,
Mon cher Amour, fais que je les éclaire !
Je le veux bien, dit le dieu de Cythère ;
En mon domaine il est certain palais,
Sérail commode où tu peux t'introduire ;
J'y vais, suis-moi : j'ouvrirai les volets.
L'enfant malin qui cherche à le séduire,
Le mène droit, non dans ces lieux sacrés
Des vrais amours asile inviolable,
Où tout respire une mollesse aimable,
Mais dans ces lieux des Grâces ignorés,
Réduit impur de la luxure impie,
Vieux temple où gît la mollesse accroupie,
Asile enfin où se sont retirés
Amours bâtards à Lampsaque adorés.
Prébus y voit des prêtresses lascives

Que provoquaient des satyres en feu.
Arme ton char des flammes les plus vives,
Lui dit l'Amour, et nous verrons beau jeu.
Prébus agit, pénètre, s'insinue ;
Bras découverts et gorge à demi nue
S'offrent d'abord : ornemens superflus,
Voiles fâcheux ne tiennent déjà plus.
Lieu plus secret, nudité moins connue
S'ensuit bientôt, et le jeu continue
Tant et si bien qu'à la fin aux regards
Spectacle entier s'offre de toutes parts.
La Volupté, qui préside à la fête,
S'en applaudit et soudain leur apprête
D'antiques jeux inconnus de nos jours.
Au tems des Grecs, Vénus aux belles fesses
Avait un temple où d'impures prêtresses
Sacrifiaient au plus vil des amours :
Tel sacrifice en pareil sanctuaire
Convenait fort. Phébus avec horreur
Voit célébrer ce profane mystère.
J'ai cru trouver les Grâces et ta mère,
Perfide Amour, quelle était mon erreur !
Je crois ici reconnaître au contraire
Les noires sœurs, compagnes de Cerbère.
D'un vain éclat vous qui fûtes frappés,
De mille objets adorateurs fantasques,
Pendant qu'ici je fais tomber les masques,
Venez, mortels, et soyez détrompés.
Le Dieu finit, et ses mains irritées
Ont à nos yeux arraché le bandeau.
Ribauds punis, Laïs décréditées,
Une autre fois tirez mieux le rideau.

Finalement, la pudeur publique s'émut en la personne de M. Hérault, lieutenant de police, et peut-être à l'instigation d'associés de Gruër qui étaient en délicatesse avec lui. Finalement, celui-ci fut sacrifié ; mais les rieurs se rangèrent du côté des délinquantes et prononcèrent leur acquittement motivé dans ce double arrêt :

> Si de la Constitution
>   Le trop tendre Gruère
> Dans un instant d'émotion
>   A baisé le derrière,
> Hérault, laisse gronder les gens,
>   Ce cas est graciable ;
> Ce que tu fais depuis quinze ans
>   Est-il si punissable ?
>
> Au magasin de Saint-Nicaise,
> Trois belles montrent à leur aise
> C.. mol, c.. noir et c.. vilain.
> Hérault, dit-on, s'en scandalise.
> Elles sont dans leur magasin,
> C'est pour montrer leur marchandise.

A ces *Chapitres sommaires de l'Histoire de l'Eglise du Diable* succédèrent d'autres facéties du même genre, trop souvent imitées les unes des autres et de saveur médiocre ; mais entre lesquelles il s'en trouve d'assez caustiques, sans qu'elles soient trop injurieuses ni trop longues, et qui, justement pour cela, l'une en vers, l'autre en prose, offrent encore quelque piquant — après plus de cent trente ou de cent soixante-ans :

LA CURIOSITÉ VUE A LA FOIRE SAINT-GERMAIN (1741)

Messieurs, vous allez voir ce que vous allez voir,
Les beaux tableaux changeants, merveilles sans pareilles,
Et que l'esprit humain ne saurait concevoir.
Mesdames, ouvrez bien..... les yeux et les oreilles ;
Le roi l'a vu, la reine et monseigneur l'ont vu.
Vous voyez Saint-Michel sur un diable cornu (1) ;
Car Alphonse, pour plaire à l'infante Malbosse,
Met, toute vive, Elmine en une basse fosse (2) ;
Philippe de Néry jure au haut de sa tour
De vivre sans Bouillon au moins un an et jour (3).
Quand l'Iman du Mogol, en dépit de Pancrace,

(1) Le poète Roy, fait chevalier de l'ordre de Saint-Michel en février 1742.

(2) Alphonse est M. de Maurepas ; l'infante Malbosse, la maréchale de Biron, et Elmine, Mademoiselle de Nogent (*Mémoires de Nogent*, 1741).

(3) Il s'agit ici du prince de Monaco, amant de Madame la comtesse de Néry-Pierrecourt, qui était promis à Mademoiselle de Bouillon, et qui rompit ce mariage à la sollicitation de sa maîtresse. Le prince fut envoyé au château d'Arras, et la comtesse congédiée du palais de Mademoiselle de Sens, où elle était dame d'honneur.

Au vieux *Catilina* met pieds, queue et carcasse (1) ;
Du moûtier de Vénus on fait *Pater* Narsès (2).
Adonis dans le Temple étale des ballets (3).
Grafignan en partant chante : *Dormez Roulette* ;
Garganelle s'en rit et la reine Gillette (4).
L'archevêque Turpin souffle la Condrieux (5),
Mais au couvent d'Amour Canente fait ses vœux (6) ;
Et moyennant Saint-Cosme et ses bonnes prières,
Le pasteur de Vincestre a eu ses ordinaires (7).

(1) L'Iman du Mogol est l'abbé Leblanc, auteur d'*Aben-Saïd*, et Pancrace, l'abbé Pellegrin : chacun d'eux voulait continuer de son côté le *Catilina*, que Crébillon promettait [depuis plus de vingt ans.

(2) Le duc de Gesvres, qui postulait la direction de l'Opéra et qui ne l'obtint pas.

(3) Allusion au duc de la Trémouille qui avait fait répéter un ballet au Temple.

(4) Grafignan n'est autre que le prince de Carignan, mort en 1741 ; Garganelle et la reine Gillette désignent la Rabon qui avait été sa maîtresse, et la demoiselle Mariette, danseuse à l'Opéra, qui était favorite en titre du prince à l'époque de sa mort. Le refrain : *Dormez Roulette*, signifie que le trépas du prince interrompit subitement les jeux qui se tenaient dans son palais. La faveur particulière dont le prince de Carignan l'honorait avait fait surnommer Mlle Mariette *la Princesse*. En 1732, la danseuse avait demandé à ses directeurs Lecomte et le président Lebœuf une gratification à laquelle elle n'avait aucun droit : ceux-ci ayant refusé, la Princesse avait eu le crédit de leur faire retirer leur privilège : cette disgrâce était tout bénéfice pour eux.

(5) Le comte de Clermont, abbé de Saint-Germain, que l'on croyait être amoureux de la femme du président de Rieux, mais qui n'en voulait qu'à la petite maîtresse du président, ainsi qu'un enlèvement ne tarda pas à le prouver.

(6) La petite Chevalier qui débuta avec succès à l'Opéra en mars 1741 : elle remplaça Mlle Petitpas et se distingua particulièrement dans Erinice, de *Zoroastre*, et Médée, de *Thésée*.

(7) L'abbé Desfontaines, auteur des *Observations* dont M. d'Argenson lui avait ôté le privilège en octobre 1740 et qu'il lui avait rendu en mars 1741.

LISTE DES CURIOSITÉS DE LA FOIRE SAINT-GERMAIN OU QUI SE VOIENT A PARIS (1775)

ANIMAUX

La demoiselle *Arnould* fait voir une bête très méchante qui se jette sur tout le monde indistinctement, et que rien ne peut apprivoiser ; cet animal est déjà vieux, mais il n'est pas moins féroce ; heureusement qu'il a perdu ses dents ; ce qui fait qu'il n'y a de risque que pour ceux qui sont touchés par son venin et un peu par l'odeur.

La demoiselle *Raucourt* fait voir la grande louve ou la laye des bois : on la nomme ainsi à cause de son extrême impudicité. C'est un animal très grand ; ses jambes sont d'une grandeur extraordinaire ; sa peau est noire et fort dure. On avoit beaucoup vanté cette bête à son arrivée, et tout Paris fut empressé de la voir ; mais elle a beaucoup perdu de son mérite ; elle est très paresseuse : on la distingue cependant par son grand amour pour les femelles de son espèce, qu'elle suit avec acharnement, quoique cela ne l'empêche pas de recevoir le premier mâle qui s'en approche ; elle est très sensible au son de l'or et de l'argent ; pour quelques écus, elle donne la patte dont vous faites ce que vous voulez.

La Civette — Mlle *Morancé*, qui a été maîtresse du fameux comte du Barry — animal puant, le museau assez joli et très attaché à sa figure ; il se lèche toute la journée pour lisser son poil. Il a beaucoup voyagé cet été, il avait même été blessé dans ses courses, mais sa plaie est cicatrisée ; depuis son retour, il a peu d'instinct et ne satisfait pas la curiosité, mais il est très cher.

La jolie guenon, animal venant des Indes. Mlle d'*Hervieux*, à qui elle appartient, la laisse voir très facilement. Elle est très vive et très intéressante ; elle a de très jolies manières ; mais, sans être farouche, elle ne connaît point de maître : aujourd'hui c'est l'un, demain c'est l'autre. Elle a un goût très vif pour les pierres brillantes ; par leur moyen on peut se l'attacher quelques momens ; elle entend l'anglois à merveille et semble préférer cette langue à toutes les autres. Une maladie a mis cet animal dans le cas de ne pouvoir en tirer race, mais ses petites façons et ses grâces dédommagent de cette perte. On ne peut s'empêcher d'admirer surtout combien elle se sert adroitement de ses petites mains.

La demoiselle *Bonard* fait voir un petit cochon marron qui a les pattes très grosses et très courtes ; il ne vit que de parchemins et de contrats. Il paroîtroit assez joli, s'il ne grognoit pas souvent ; il marche peu à cause de sa patte, mais il est très adroit sur le dos. La même demoiselle montre aussi en particulier un animal dont la gueule est très grande, et que trois personnes ne peuvent rassasier ; il ne vit que de chair crue, n'importe laquelle. Il appartenoit autrefois à un pauvre tourneur qui s'en est défait, n'étant pas assez riche pour subvenir à sa consommation.

MACHINES

Un très bel automate très curieux chez Mademoiselle *Duthé* : il représente une très belle femme qui fait tous les mouvements possibles, mange, danse, chante et agit comme une personne vivante ; elle plume un étranger fort proprement.

On voit chez Mademoiselle *Sougues* une jolie pagode de Chine qui fait toutes sortes de mines et de mouvemens. Sa figure est charmante ; elle peut servir de girouette à cause de son extrême légèreté. Cette machine dont on ne connaît pas le prix, a d'abord été entre les mains de tout le monde à son arrivée à Paris ; mais un amateur l'a séquestrée et il laisse rarement la loge ouverte. On avertira le public du jour qu'il pourra entrer.

La dame *Courtin*, qui l'emporte sur tout ce qu'on a vu jusqu'à présent, représente trois fois la semaine sur le théâtre de Mme Montansier. Elle escamotte des carrosses, des chevaux, des glaces, des meubles et généralement tout ce qui lui est présenté. Elle se propose, pour donner un nouveau spectacle au public, d'escamoter une maison, mais elle avertit qu'à présent elle ne rendra plus rien, quand même la police s'en mêlerait une seconde fois.

Une belle statue en plâtre, peinte en couleurs, imitant le naturel chez Mademoiselle *Beauvoisin* : elle fait le plus bel effet à la lumière. Elle étoit connue depuis longtemps ; mais comme elle était un peu grasse, on en a fait refondre le modèle dans le vinaigre. A présent elle est très mignonne, et n'a que les jambes et les cuisses endommagées par cette opération et par le grand nombre de copies qu'on en a tirées (1).

(I) Cette facétie passa bientôt des ruelles sur un véritable théâtre, à l'Ambigu-Comique fondé à peine depuis six ans, mais il faillit en coûter cher au directeur Audinot pour avoir osé braver une corporation aussi puissante. Les *Mémoires secrets* nous donnent

De ces « animaux » et de ces « machines »,
plusieurs n'étaient que de simples courtisanes
cotées plus ou moins cher, et ne touchent en rien
à l'histoire de l'Opéra ; d'autres, comme Sophie
Arnould, la tragédienne Raucourt ou la comédienne Dubois, — dont le portrait nous manque
— sont trop célèbres dans les fastes de la galanterie et du théâtre pour qu'il soit utile d'en repar-
ler ; mais certaines de ces filles étaient plus, sinon

des détails précis sur cette pièce satirique : « 22 juin 1775. On
peut se rappeler une facétie qui a couru cette hiver, intitulée :
Les Curiosités de la Foire, où les filles les plus célèbres de Paris
étaient désignées allégoriquement sous le nom d'animaux rares.
Elles en furent cruellement offensées, mais ne purent se venger
de l'auteur anonyme et qu'on soupçonnait être le comte de Laura-
guais. Le sieur Landry, poète voué au théâtre d'Audinot, a imaginé de composer une petite pièce sur ce sujet et sous le même
titre. Elle a été jouée il y a huit jours avec beaucoup de succès,
quoiqu'elle ne vaille pas grand chose. Mais les allusions piquantes
sur des courtisanes connues avaient réveillé la malignité du public.
La demoiselle Duthé, l'une d'elles, présente à la première représentation, en a été si touchée, s'y est reconnue si sensiblement
qu'elle en est tombée en syncope. Une telle anecdote a fait du
bruit. Les partisans de cette impure ont crié au scandale. Les
autres filles ont fait ligue avec elle pour exiger la proscription
de cette comédie abominable ; elles ont ameuté les petits seigneurs
qui leur font la cour et ils ont été trouver l'histrion. M. le duc de
Durfort, l'ancien amant de la demoiselle Duthé, portant la parole,
a exigé d'Audinot de lui déclarer le nom du jeune poète. Heureusement il a eu le courage de s'y refuser. Alors on lui a déclaré
qu'il faisoit bien ; qu'on aurait donné cent coups de canne à cet
imprudent, mais qu'il eût à cesser, lui directeur, les représentations
de cette infamie ou qu'on mettroit son théâtre en canelle et qu'on
le ferait périr sous le bâton. Le baladin n'a pas cru prudent de se
compromettre avec les étourdis, et malgré l'approbation de la police
et les désirs du public, la comédie ne se joue plus et les filles
triomphent. »

mieux que des courtisanes ordinaires, car elles avaient paru, ne fût-ce qu'un jour et au dernier rang, dans les chœurs chantants ou dansants de l'Académie de musique, et pouvaient se qualifier hautement de filles d'Opéra.

Telle était la Beauvoisin, assez jolie de visage, mais sans taille, courte, ramassée, et qui avait dû quitter l'Opéra pour cette raison ; elle avait monté une maison de jeu, qu'elle avait rendue célèbre par ses charmes, son luxe et l'affluence des joueurs opulents, mais des scènes de tumulte et des scandales avaient attiré sur elle l'attention de la police et M. de Sartines lui avait fait de sévères remontrances. Afin d'échapper à pareille surveillance, elle s'était fait inscrire comme danseuse surnuméraire en vue des fêtes qu'on préparait à Versailles pour le mariage du Dauphin. Mais, de nouvelles plaintes s'étant produites au sujet de sa maison qu'on qualifiait de véritable coupe-gorge, elle avait été enlevée un beau jour et conduite à Sainte-Pélagie, lieu de retraite pour filles légères, d'un degré au-dessus de l'Hôpital. Toute la société qui se réunissait chez elle s'était aussitôt dispersée pour chercher refuge et plaisir dans quelque autre salon moins hospitalier, mais

plus sûr (1). Mademoiselle Beauvoisin ne mourut
que sur la fin de l'anr.ee 1784 ; elle avait sû captiver par ses charmes usés Baudard de Sainte-
James, trésorier des dépenses du gouvernement
de la marine, qui avait fait des déboursés énormes
pour elle. On évaluait à dix-huit cent mille francs,
outre vingt mille écus de fixe par an, ce qu'il avait
dû lui donner en bijoux ou autres effets de luxe.
La vente de cette fille fut comme celle de la Des-
champs ; elle fit courir tout Paris, et excita, pendant quelques jours, la curiosité de toutes les
femmes, filles galantes et dames de qualité, qui
s'émerveillaient d'y voir deux cents bagues pour
le moins, des diamants non montés et simplement
placés sur papier, de magnifiques robes au nombre de quatre-vingt et des draps de trente-deux
aunes, tels que la reine elle-même n'en devait
pas avoir (2).

Mademoiselle Dervieux avait occupé, à l'Opéra,
une position très supérieure à celle de la Beauvoisin, bien que sa santé, délabrée par des excès
de tout genre, ne lui eût pas permis d'y rester
longtemps. Elle avait été reçue figurante de la
danse en 1766, aux appointements de 400 livres ;

(1) *Mémoires secrets*, 30 avril 1770.
(2) *Mémoires secrets*, 22 novembre 1784.

en 1773, elle était première danseuse seule et en double, à 1.500 francs ; mais dès l'année suivante elle disparaissait des états : en avril 1774 seulement, elle est marquée « retirée », et en regard de son nom figure la somme de 1.800 livres, comme « étant rentrée en caisse à cause de réforme ». Elle avait voulu à une époque se lancer dans le chant, et Bachaumont apprécie ainsi cet heureux essai : « L'on ne saurait assez s'étonner du succès de Mademoiselle Dervieux qui joue le rôle de Colette dans *le Devin de village*. Cette jeune personne, qui n'a pas quatorze ans, et très distinguée dans le genre de la danse, mais qui n'avait encore paru comme chanteuse qu'à Chantilly, chez M. le prince de Condé, attire les amateurs en foule. Elle n'a qu'un filet de voix, mais elle le ménage avec tout le goût et l'art possible ; elle est d'ailleurs actrice, et quoiqu'elle paraisse avoir beaucoup emprunté au jeu de Mlle Durancy, elle se l'est approprié au point de se le rendre naturel (1). » Mais la capricieuse artiste ne tarda pas à revenir à la danse, et bien elle fit, car elle obtint de tels triomphes qu'elle excita la jalousie de la Guimard et qu'il s'éleva entre elles deux une

(1) *Mémoires secrets*, 6 décembre 1767.

querelle des plus violentes. Dorat, dont la lyre était toujours prête à célébrer les cotillons de tous les théâtres, avait adressé à Mlle Dervieux une épître enthousiaste où il portait aux nues son talent, ses grâces, sa beauté, tant et si bien que la Guimard, furieuse de cette infidélité poétique, fit lancer une satire virulente contre sa rivale; mais les partisans de celle-ci ne furent pas longs à riposter par une pièce où la Guimard était dépeinte en traits effroyables :

. . . .
Guimard en tout n'est qu'artifice
Et par dedans et par dehors ;
Otez-lui le fard et le vice,
Elle n'a plus âme ni corps.
Je vais vous tracer son esquisse,
Je vous la peindrai dans son beau :
Elle a la taille d'un fuseau,
Les os plus pointus qu'un squelette,
Le teint de couleur de noisette,
Et l'œil percé comme un pourceau,
Ventre à plis, cœur de maquereuse,
Gorge dont la nature est honteuse ;
Sa peau n'est qu'un sec parchemin
Plus raboteux que du chagrin,
Sa cuisse est flasque, et héronnière,
Jambe taillée en échalas,
Le genou gros, sans être gras,
Tout son corps n'est qu'une salière...

Que vous dire de son gagne-pain
Qui la rend si sotte et si fière ?
On sait que ce n'est pas un nain.
Vieille boutique de tripière,
Vaste Océan, gouffre profond,
Les plongeurs les plus intrépides
N'en peuvent atteindre le fond.
Hideux présent des Euménides,
Chemin des pleurs et des regrets,
C'est le tonneau des Danaïdes,
Il ne se remplira jamais (1).

Et la Dervieux de rire. Mais comme elle dut rire jaune quand elle entendit bientôt chanter en son honneur certain *Cantique* auquel elle ne s'attendait guère !

J' suis un mylord
Tout cousu d'or
Arrivant d'Angleterre.
J' veux connaître l' plus fameux b.....
Hélas ! dites-moi dans lequel... ?
— Chez la Dervieux
Aux beaux yeux bleus
Chez sa p..... de mère.

Comment entrer,
Se présenter ?
Comment fair' pour leur plaire ?

(1) *Mémoires secrets*, 17 octobre 1770.

Encor, mon ami, si j'étais
Recommandé par quelque Anglais !
        — Non, simplement
        Beaucoup d'argent
        A la fille, à la mère !

        Pour me guérir
        Du goût d' mourir
        On m'ordonn' la v.....;
Pour l'attraper en peu de temps
J' crois qu'il faut courir les boucans.
        — Oh ! la Dervieux
        Vaut cent fois mieux ;
        Croyez-moi sur parole (1).

Lorsque Mademoiselle Dervieux quitta l'Opéra pour raison de santé, elle possédait une grande fortune, très rapidement acquise, et dont elle devait la meilleure part aux libéralités d'un juif Portugais, assez laid mais fort riche, nommé Peixotto, qui avait eu tout récemment avec certaine fille de rencontre, la Vatinelle, une aventure galante dont il lui cuisait fort : tout Paris en avait ri aux larmes durant l'année 1775. Peixotto voulait à toute force épouser Mademoiselle Dervieux, mais il était marié lui-même, et sa femme, Sara Mendez d'Acosta, qu'il avait abreuvée de mépris

(1) *Mémoires secrets*, 28 décembre 1770.

et de chagrins, qu'il avait abandonnée enfin, vint à Paris tout exprès pour s'opposer à l'hymen projeté. Le Code hébraïque permettant le divorce, Peixotto en réclama le bénéfice, mais il ne trouva qu'un avocat de dernier ordre pour défendre sa mauvaise cause, et personne n'assista à l'audience, tandis qu'on se pressa à celle où devait parler le défendeur de Sara Mendez : par arrêt en date du 9 avril 1778, le Parlement déclara le mariage valable dans tous ses effets (1). L'enragé financier abjure aussitôt sa religion, se fait chrétien et déclare que sa conscience lui défend de vivre avec une juive ; permission lui est donnée alors de s'en séparer, pour l'acquit de sa conscience, mais non d'épouser une autre femme.

Avec le fruit de ses économies si laborieusement gagnées, Mademoiselle Dervieux avait fait construire, rue Chantereine (aujourd'hui de la

______

(1) *Mémoires secrets*, 30 mars 1778. — Encore un détail de haut goût sur ce juif : « Le sieur Palisssot, ci-devant directeur des élèves de l'Opéra, auteur et acteur, a un ordre de début pour les Italiens. Lorsqu'il s'est présenté à l'assemblée pour se faire agréer des comédiens, le sieur Michu a témoigné de l'humeur et s'est écrié : « Je crois qu'on veut nous infecter de tous les farceurs du boulevard. » Le sieur Volange présent, humilié de la réflexion, lui a dit : « *Monsieur Michu, si je ne respectois votre sexe, vous auriez affaire à moi.* » ; et toute la troupe de rire. Il a en effet la réputation d'un bardache et d'appartenir au plus vilain b..... de France, à un juif nommé Peixotto très riche et qui l'entretient comme sa maîtresse. » (*Mémoires secrets*, 18 oct. 1780.)

Victoire), un magnifique hôtel qu'elle habita jusqu'en 1792 : il fut occupé ensuite par Louis Bonaparte, puis par la légation des Etats-Unis.

Mademoiselle Duthé, une des « machines » de la Foire Saint-Germain, était, vers 1778, une des courtisanes les plus renommées de la Capitale et elle devait surtout cette grande vogue à l'honneur qu'elle avait eu de donner les premières leçons de plaisir au duc de Chartres. Elle s'appelait de son vrai nom Rosalie Gérard et mourut à un âge très avancé, en 1826, mais elle ne resta que très peu de temps à l'Opéra et tout à fait au dernier rang : elle figurait dans la foule des danseuses surnuméraires vers 1767. Elle avait été la maîtresse en titre du marquis de Genlis qui préféra se ruiner avec elle plutôt que de rester avec sa femme qui était des plus jolies, mais lorsque les facultés de cet amant avaient commencé à baisser, la Duthé l'avait congédié et avait accueilli les déclarations amoureuses de milord d'Egremont, moyennant mille louis d'entrée de jeu et mille louis par mois : serments d'amour réciproques dont tout Paris avait été témoin et devait surveiller la loyale exécution (1).

(1) *Mémoires secrets*, 5 septembre 1772. — Sophie Arnould s'appuyait aussi sur les bontés de la Duthé envers le duc de Char-

D'un visage admirablement régulier, mais un peu froid, d'un blond assez fade, sans pétulance et sans esprit, Mademoiselle Duthé était si bien à la mode qu'elle ne comptait qu'une rivale, sa camarade Cléophile, une petite fille de chez Audinot, devenue danseuse en double à l'Opéra et qui menait un train de vie princier, grâce aux libéralités du duc d'Aranda, ambassadeur d'Espagne, lequel lui donnait bien trois cents louis de fixe par mois. Mademoiselle Duthé s'étant montrée à Longchamp dans un magnifique équipage à six chevaux, Mademoiselle Cléophile en voulut faire autant et elle s'y rendit le Vendredi Saint en un pareil équipage, pour faire assaut de luxe avec sa rivale. Vain étalage de richesses, de voitures, de chevaux, de diamants, de dentelles, le minois fripon de la Cléophile ne put l'emporter sur l'admirable visage de la Duthé, et tous les juges du camp proclamèrent l'éclatant triomphe de sa beauté (1).

tres pour obtenir du duc d'Orléans permission de tirer un feu d'artifice à ses frais sur le Palais-Royal en l'honneur de la naissance du duc de Valois. Voir sa curieuse lettre au duc d'Orléans dans les *Mémoires secrets* (t. XXIV, supplément 30 oct. 1773) : les arguments, dont plusieurs étaient du même genre, durent paraître concluants au prince qui accéda à la demande si originale de la chanteuse ; le feu d'artifice fut tiré le 22 octobre, à la sortie de l'Opéra.

(1) *Mémoires secrets*, 4 avril 1774.

Triomphe éphémère s'il en fut, car l'année suivante la courtisane était huée à cette même promenade de Longchamp et forcée de renoncer à prendre la file des équipages : le bruit ne courait-il pas alors que le duc d'Artois avait pris du goût pour elle et, qu'ayant eu « une indigestion de biscuit de Savoie », il venait à Paris pour prendre « du thé » ? Et quelques mois après, comme un peintre peu connu avait cherché à fixer l'attention publique en peignant deux portraits de la Duthé, dont l'un la représentant toute nue, est-ce que ce méchant propos ne courait pas les rues : « Le peintre y perd sa peine, car elle ne montre là rien de nouveau à personne » ? Malgré ces courts instants de défaveur, Mademoiselle Duthé voyait toujours la vogue lui revenir. Ses moindres aventures occupaient toute la ville, mille questions couraient sur son compte et c'était à qui, dans les ruelles, donnerait sur ses amours et ses bénéfices les détails les plus précis. Qu'elle disparaisse un jour, comme elle le fit en novembre 1777, et le même public qui la sifflait naguère à Longchamp n'aura de repos qu'après avoir appris qu'elle était réfugiée à Londres, auprès d'un lord éperdûment épris d'elle et très généreux. Mais ces petites fugues à l'étranger n'étaient jamais de

longue durée, et peu de mois après, elle était
revenue à Paris, comme en témoigne une anecdote
de haut goût, rapportée par le *Gazetier cuirassé* :
« Le comte de P....ki, dégoûté de Paris par la
malpropreté de Mademoiselle du Thé, est parti
de cette ville au sortir d'un bain parfumé que la
frayeur lui a fait prendre, en se précipitant dans la
garde-robe de cette belle fille, maîtresse du duc de
Durf—, qui les a surpris couchés ensemble : le
duc a assuré avoir trouvé son rival à la nage dans
les débris d'une chaise percée qui n'avait pas été
vidée depuis quinze jours ; pour comble de disgrâce, le lieutenant de police, qui n'aime point
les odeurs, lui a enjoint par lettre de cachet d'aller
s'essuyer et prendre l'air hors du royaume. »

La Duthé était, en effet, honorée des faveurs
du duc de Durfort — entre mille — et elle figure
avec lui, en compagnie d'une modeste fille des
chœurs et d'une cantatrice célèbre, dans certaine
chanson rimée contre le duc de Bouillon :

> A Durfort il faut du thé,
> C'est sa fantaisie ;
> Soubise, moins dégoûté,
> Aime la prairie ;

Mais Bouillon qui pour son roi
Mettrait tout en désarroi
Aime mieux la guerre, ô gué !
Aime mieux la guerre.

Duthé, la Prairie, la Guerre, quels gracieux surnoms et qu'on croirait choisis tout exprès pour provoquer de plaisants jeux de mots !

CHAPITRE II

Mademoiselle Pélissier
et Lopez Dulis

Mademoiselle Pélissier, chanteuse d'Opéra ou
fille à la mode, est, à quelque point de vue qu'on
se place, une des personnalités les plus considérables dans le monde du théâtre ou de la galanterie au commencement du dix-huitième siècle.
Elle, qui sut brillamment tenir un rôle très en vue
au souper de Gruër, venait précisément, un mois
avant cette orgie, de voir sa réputation de courtisane en vogue consacrée de la façon la plus écla-

tante. La fin tragique de ses amours avec le banquier hollandais Lopez Dulis, qui l'avait rendue la plus riche des actrices de Paris par ses libéralités fabuleuses et qui avait eu l'imprudence de lui confier des diamants d'un prix énorme pour qu'elle s'en parât au théâtre, a été racontée plus d'une fois en quelques lignes, mais elle mérite mieux qu'un résumé aussi bref, car elle projette une lueur singulière sur les mœurs du temps et le meilleur moyen de retracer exactement l'affaire est de consulter les contemporains, de les laisser parler, afin de connaître non seulement leur avis, mais aussi l'impression exacte produite dans les sociétés où ils fréquentaient. De ces divers témoins, les uns sont bien connus, comme l'écuyer de Boisjourdain, les avocats Marais et Barbier; les autres sont simplement présumés; d'autres enfin sont inconnus, mais tous ont vu la chose de près et traduisent mieux que leur impression personnelle.

Au sieur de Boisjourdain de parler le premier pour raconter les discussions préliminaires et l'heureuse conclusion du traité d'amour par ambassadeurs spéciaux:

« François Lopès Dulis, juif, originaire de Paris, né à Amsterdam, et prodigieusement riche,

fit en 1729 un voyage à Paris. Il s'y amouracha de
la Pélissier, actrice de l'Opéra, peu jolie et sans
esprit ; il fallut bien des négociations pour en
venir à bout : elle voulait se vendre. Madame du
Tort, sœur du comte de Nocé, se mêla de cette
intrigue. Dulis promit d'abord vingt mille francs.
La dame lui dit que la demoiselle avait quelques
scrupules d'avoir affaire avec un juif, et qu'ainsi
il fallait encore dix mille francs : c'était le pot de
vin promis à la dame, dont le sieur Tiriot, son
agent, devait avoir sa part. Le juif répondit qu'il
n'avait pas cru qu'il s'agît d'une affaire de religion, et se retira brusquement. La négociation se
renoua par d'autres personnes, et alla au point
que le mari de la Pélissier écrivit à Dulis que sa
femme était à son service, s'il voulait donner
15.000 livres pour elle et 10.000 pour lui. Le marché fut conclu, et la Pélissier employa tout son
art pour tirer de lui une grande quantité de pierreries. Lorsqu'elle vit qu'il ne voulait plus en
donner, elle le congédia parce qu'il la gênait
trop. Le juif voulut avoir ses pierreries qu'il prétendait ne lui avoir que prêtées, elle les refusa.
Il les a réclamées comme appartenant à sa femme,
et a fait donner une assignation à la Pélissier ; ce
qui a formé un procès qui n'a pas eu de suite.

On prétendit que Dulis avait abandonné ces pierreries au curé de Saint-Sulpice, à condition qu'il
poursuivrait le procès. On fit là-dessus l'épigramme suivante :

Qu'un cafard ait tiré d'une vieille lubrique,
  Par mal engin jusqu'au dernier écu ;
  Que par maints tours de pareille rubrique,
  Loup dévorant sous manteau de vertu,
  Il tende un piège à tout sexagénaire ;
  Que fondateur de nouveau séminaire
  Où n'est reçu que sexe féminin,
  Dans ce sérail il ait double salaire,
Doux passe temps la nuit, le jour profit de gain ;
  Nouveau Midas, que toute la nature
    Devienne de l'or en sa main ;
De la société c'est là la tablature.
Mais vouloir escroquer la dépouille d'un juif,
Prix d'un commerce affreux dont tout Paris murmure,
  Parbleu, curé, c'est trop. Quoi ! de rabbin lascif,
De nymphe d'Opéra l'accouplement mestif,
  Contribuerait à la sainte entreprise !
  Ah ! quel ciment pour les murs de l'église !

« L'affaire est vraie, écrit l'avocat Barbier en
la notant dans son journal au mois de décembre
1730. M. Normand était chargé pour Mademoiselle Pélissier, et M. Cochin pour M. Dulis ; mais
l'affaire ne se poursuit pas. » Il reproduit aussi
cette autre pièce de vers sur la mission que Dulis

aurait donnée au curé de Saint-Sulpice, Languet, frère de l'évêque de Soissons si célèbre et si bafoué pour son exaltation de Marie Alacoque, de poursuivre en son nom l'affaire contre la Pélissier :

LE TRIO COMIQUE

Un riche juif et un dévôt curé
Voulant dévaliser une coquette fine
(Les noms ne font rien au marché,
Puisqu'aisément on les devine),
Chacun de ces acteurs paraît fort occupé
A remplir son rôle comique.
Le juif y joue l'amant dupé,
La donzelle y défend la récolte lubrique ;
Le curé comme un bon pasteur,
Destinant tout à son saint édifice,
Entreprend de venger l'acteur
Par la dépouille de l'actrice.
Ah ! le plaisant événement !
Qu'il sera digne de mémoire !
Si le curé remporte la victoire,
Il gagne d'un seul coup le prix de plus de cent.

Boisjourdain continue en ces termes : « Cette intrigue a principalement servi à faire la comédie du *Triomphe de l'Intérêt,* qui fut jouée à la fin de 1730, au Théâtre Italien. Elle est de M. de Boissy, quoique l'abbé Desfontaines prétendît l'avoir faite en vers. Elle parut sous le nom de

Ducastre, mignon de l'abbé, qui s'empara de la moitié du revenu des représentations et de l'impression. La Duclos et son mari y étaient aussi joués, ainsi que Galpin qui venait de faire banqueroute, et une loterie pour la payer. La querelle que Boissy eut avec Desfontaines donna lieu à une terrible chanson contre l'abbé. Elle fut attribuée à Boissy qui en reçut des compliments de l'abbé Desfontaines par les mains de Ducastre, qui voulut lui faire mettre flamberge au vent ; ce qu'ayant refusé, Boissy reçut des coups de plat d'épée sur le dos, en se sauvant chez le tapissier qui demeure au coin des rues Hautefeuille et du Battoir. Cela fit faire l'épigramme suivante :

> Quoi ! vous fuyez devant cet étourneau
> Monsieur l'auteur ? s'écriait Isabeau.
> Vite tournez, et de vingt coups de lame
> Du garnement balafrez le museau.
> Boissy répond : Non ferai, sur mon âme ;
> Des gens de bien tenu serais infâme,
> Si dégainais contre tel damoiseau.
> Comment ? — Oyez : cetui n'est jouvenceau,
> Ains d'un cafard le lieutenant de femme (1).

La comédie dont parlait Boisjourdain, *le Triomphe de l'Intérêt,* avait bien Boissy pour auteur ;

______
(1) *Mémoires de Boisjourdain,* t. II, p. 376.

elle était en vers libres, avec musique de Mouret, et avait été jouée à la Comédie Italienne le 9 novembre 1730. Les aventures scandaleuses de Mademoiselle Pélissier avec le juif Dulis et l'union tardive de la vieille Duclos avec le jeune Duchemin y étaient persiflées, mais seulement dans quelques scènes. Ces aventures ne formaient pas le sujet de la pièce, comme on pourrait le croire d'après le titre; il n'y a même pas de sujet à proprement parler dans cette comédie, qui n'est qu'une suite de scènes satiriques sur les gens qui viennent faire soumission à l'idole du siècle, l'Intérêt, et au dieu Mercure. Cette pièce est assez insignifiante à lire aujourd'hui et l'on conçoit difficilement que deux auteurs aient pu s'en disputer aussi vivement la paternité; les scènes même dont les allusions et le double sens ne nous échappent pas, paraissent assez peu virulentes, et médiocrement amusantes. Il n'y en a guère que trois, qui visent les actrices susnommées, et celle qui est dirigée contre le mariage suranné de la vieille tragédienne Duclos avec un jeune époux est certainement la plus drôle. C'est une dispute sur le mode tragique, une série de récriminations et d'injures entre Hippolyte et Phèdre qui ont commis l'imprudence de s'unir: l'épouse vient réclamer au tribunal de Mercure contre ce jouvenceau qui la trompe et la rend malheureuse après l'avoir épousée pour sa richesse, mais à toutes ses tirades larmoyantes ou pathétiques, Hippolyte répond en mettant simplement une bourse bien ronde dans la main de Mercure. Celui-ci rend aussitôt un arrêt en sa faveur, déclare le mariage valide ; et lorsque Phèdre s'écrie à ce coup :

> O rage ! ô désespoir ! ô vieillesse ennemie !
> N'ai-je donc tant vécu que pour cette infamie ?
> Pour garder un époux qui rit de mon affront,
> Et dont je ne puis plus faire rougir le front.

Hippolyte lui répond tout tranquillement :

> On m'assure mon bien, en m'assurant ma femme ;
> Je ne vous quitte point, princesse de mon âme (I).

Au commencement de la pièce, Mercure, qui fait ici tous les métiers que lui attribue la fable, abouche une jeune et jolie grisette, Fanchon, qui ne demande qu'à faire fortune et à singer les filles

(I) Mlle Duclos, de son vrai nom Marie-Anne de Châteauneuf, était la célèbre tragédienne de la Comédie-Française, où elle joua les rôles de princesse et de reine pendant plus de quarante ans ; elle était née à Paris et avait pris le nom de Duclos, qu'avait porté son grand-père, acteur de l'Hôtel de Bourgogne. Elle avait épousé sur le tard un comédien, Duchemin, fils de l'acteur de ce nom, excellent dans les rôles de financier, mais elle avait fait assez mauvais ménage et avait plaidé en cassation de mariage contre lui.

d'Opéra, en attendant qu'elle les égale, avec un sieur Jacquin, qui s'éprend aussitôt des beaux yeux de la donzelle et lui remet dès l'abord perles et diamants. Celle-ci accepte tout, en disant à part soi :

Qu'il ne s'avise pas de les redemander.

Lorsque le bel amoureux a bien promené sa nouvelle conquête par toute la ville, et qu'il l'a conduite chez tous les gens d'importance pour s'en faire honneur, il veut rattraper ses bijoux ; mais la grisette refuse net de les rendre et tous deux viennent demander justice au tribunal de Mercure. Les réclamations de chacune des parties sont assez drôles, quoiqu'elles tournent toujours un peu dans le même cercle ; le payeur se plaint que la belle lui ait coûté deux cent mille francs —, ce que ne valut jamais fille d'Opéra. Mercure répond alors en dieu très sage :

Vous avez à profit sçu mettre les instants ;

à quoi le réclamant riposte aussitôt :

Quoique Mademoiselle en dise,
Il n'est pas là de marchandise
Pour deux cent mille francs.

Chacun d'eux fait alors un calcul par le menu, estimant chaque chose, chaque faveur à son prix, et quand ils ont fini, Mercure rend son verdict au nom de l'Intérêt :

> Je vais donc prononcer ; silence !
> Ayant égard à l'état de Fanchon,
> Dont les appas sont toute la fortune ;
> En même temps faisant attention
> A la richesse peu commune
> Du vieux galant de cette brune ;
> Je lui défends la restitution.
> Le droit incontestable est la possession,
> Tout caissier doit donner et ne jamais reprendre ;
> Toute fille à talent, en toute occasion,
> Doit recevoir et ne doit jamais rendre :
> Ce qu'on lui prête est réputé pour don.

Le lieutenant de police, paraît-il, fit supprimer une scène où le juif se montrait trop à découvert. Ce devait être celle où un homme accourt effaré, avec une cassette sous le bras. Il prend d'abord le dieu du Commerce pour un exempt à cause de son bâton, mais quand il découvre que cette baguette est le caducée de Mercure, il reprend confiance et déclare qu'il s'appelle David, qu'il est d'un pays connu sur la terre et sur l'onde, commerçant de profession, juif de nation, riche de six cent mille francs qu'il a dans sa cassette et

Melle GUIMARD

pauvre de trois millions qu'il n'a pas pu payer à ses créanciers. Mercure, qui compatit à toutes les infortunes, présente au juif certaine adroite personne qui le pourra tirer d'affaire : c'est dame Banqueroute. Celle-ci, qui a toujours compté, dit-elle, beaucoup de favoris parmi les Hébreux, prend aussitôt le mécréant sous sa sauvegarde et quand les deux honnêtes compères ont bien dressé leurs batteries pour soutirer l'argent d'autrui, ils s'en vont de compagnie en chantant :

> Suis-moi sans autre forme,
> Emportons ces deniers :
> Attendez-nous sous l'orme,
> Messieurs les créanciers (1).

Une autre parodie en forme de pièce parut encore à ce sujet : *la Danseuse ou les Diamants*, mais qui ne fut jouée sur aucun théâtre : elle fut

(1) Cette pièce dut tout son succès aux allusions qu'elle renfermait et qui étaient alors comprises de tout le monde. « Il y a longtemps qu'on n'a vu un concours si prodigieux de spectateurs, dit *le Mercure*, et un succès si plein, si parfait et si soutenu. On y trouve beaucoup d'esprit et de sel, une versification hardie et élégante, et même des ménagemens, car Fanchon ne prétend avoir gagné les diamans que par ses *récitatifs* et ses *ariettes*, et M. Jacquin en convient de bonne foi... L'auteur est M. du Castre d'Aurigny, âgé de dix-huit ans... » Ce qui nous porte à croire que la scène supprimée par ordre du lieutenant de police et rétablie dans la pièce imprimée était bien celle du juif David, avec Mercure et la Banqueroute, c'est que *le Mercure de France*, racontant la pièce scène par scène, ne parle pas du tout de celle-là.

simplement imprimée, bien qu'elle ne soit nullement inconvenante. Outre Mademoiselle Julie,
âgée de vingt-deux ans, danseuse, — la profession
est changée, — les divers personnages sont : Monsieur Van Mer, négociant hollandais, âgé de quarante ans ; le marquis de Folbien, jeune militaire,
âgé de vingt-six ans, et le chevalier Des Accords,
âgé de quarante-cinq ans : la scène se passe dans
le salon de compagnie de la danseuse, où il y a
« une toilette de parade » et l'action commence
à onze heures du matin. Le chevalier et le marquis, deux amis de la belle, viennent lui rendre
visite en l'absence du Crésus hollandais, qui « ne
vient jamais matin et s'en va le soir de très bonne
heure ». Le marquis, qui doit bientôt se marier,
a rompu à l'amiable avec la danseuse et lui a fait
un magnifique cadeau, 15 ou 20.000 francs de
diamants pour le moins, mais à condition qu'il
les lui reprendrait immédiatement si elle venait à
s'en parer et surtout à dire de qui elle les tient,
car le marquis n'a pas encore payé ce beau présent et il l'a acheté à crédit sur une forte succes-
sion qui doit lui revenir. Le marquis apprend
alors par les discours du chevalier que la belle
s'est montrée la veille à la Comédie Italienne,
parée comme une châse, et que la curiosité publi-

que, très excitée, ne se tiendra pour satisfaite
qu'après avoir découvert l'auteur de ce présent
royal. Dès que le chevalier est sorti, le marquis
reproche vivement à la demoiselle ce caprice imprudent. Mais l'arrivée de Van Mer coupe court
à cette discussion intime ; Julie fait passer le
marquis pour son maître de danse et répète quelques pas devant le marchand hollandais qui ne
manifeste aucun soupçon et parle un jargon assez
peu amusant : il se retire bientôt pour aller à la
Bourse. Le chevalier revient presque aussitôt et,
après maint détour, il montre et remet au marquis
certaine lettre écrite par Julie à son amie, la Dorcevale : « Qu'on a de peine à tirer des diamants de
certaines gens, ma chère petite ! Mon oursin de
Hollande ne veut point m'en donner ; mais mon
Amilcar français en a fait la dépense pour lui.
A ce prix il a conservé ses petites entrées chez
moi, etc... » Julie saute sur le marquis pour lui
arracher la lettre, celui-ci résiste et au moment où
ils se débattent, le vieil Hollandais entre en disant : « Eh bien ! Mademoiselle, est-ce là la leçon
de danse ? C'est un pas de nouvelle Allemande,
apparemment ; la figure en est drôle, mais drôle
fort. » Le chevalier s'esquive ; mais le marquis et
le Hollandais restent qui rompent tour à tour avec

la donzelle et se retirent, emportant, celui-ci les diamants, celui-là le quartier de rente qu'il apportait. Et la pièce se termine par le triste à-parté de la danseuse. « Quoi ! l'un et l'autre dans le même moment... Quel jeu du hasard !... Je suis furieuse. Aussi je le mérite bien : cela m'apprendra à vivre. Les vilains hommes ! Quelqu'un paiera pour eux qui ne s'y attend pas. Je vais faire un beau tapage chez cette petite coquine de Dorcevale : c'est elle qui me met ce qu'on appelle... (1) ».

Boisjourdain, qui nous a très bien renseignés

(1) Ces deux pièces curieuses m'ont été communiquées autrefois par mon obligeant confrère, feu Ernest Thoinan, ainsi qu'un petit livre très rare intitulé : *Mémoires anecdotes pour servir à l'histoire de M. Duliz et la suite de ses aventures, après la catastrophe de celle de Mlle Pélissier, actrice de l'Opéra de Paris. A Londres, chez Samuel Harding, 1739.* Ce récit, en style assez plat, d'aventures très vulgaires arrivées à ce juif dans différentes villes, est d'une lecture peu récréative. Il n'y a qu'un trait d'amusant dans ces deux cents pages serrées : lorsque, sur la plainte de Dulis, le lieutenant de police interroge la dame, celle-ci répond avec une finesse audacieuse : « De quelque valeur que soient les choses données à une demoiselle, il lui reste toujours amplement de quoi les récompenser. » Ce qu'il y a de mieux dans ce livre, c'est la gravure. Mlle Pélissier y est représentée dans son boudoir refusant le lys que lui offre un seigneur et caressant du regard les luxueuses étoffes, la riche vaisselle et les bijoux que lui présentent deux amours. Par la porte ouverte, on aperçoit la place de Grève, devant l'Hôtel de Ville, avec la roue préparée pour le supplice de Joinville et une potence à laquelle pend l'effigie du juif. Au bas de la gravure, cette légende qui voudrait être en vers :

Je ne veux point *du Lys* ;
Il me faut des bijoux et des diamans de prix,
De l'or, de l'argent, des habits et de belles dentelles,
Des meubles magnifiques et de riche vaisselle.

sur les préliminaires, résume trop brièvement les suites tragiques du litige entre Dulis et la Pélissier, tandis que l'avocat Barbier les raconte dans le plus grand détail. C'est donc à lui que nous aurons recours, après avoir recherché dans le recueil de Maurepas quelques-uns des couplets chantés sur ce commerce scandaleux d'une fille d'Opéra avec un fils d'Israël.

C'est d'abord une consultation demandée par l'excellent mari de la dame à l'évêque de Soissons, Languet, qui venait de publier et de dédier à la reine une relation de la vie de Marie Alacoque et de ses entretiens extatiques avec le Christ, dont la ville et la cour faisaient des gorges chaudes en imaginant chaque jour quelque nouvelle raillerie, rimée ou non, sur le malheureux évêque et la bienheureuse Marie Alacoque :

> Pélissier disoit à Soissons :
> Grave auteur d'Alacoque :
> Un riche juif b.... Manon,
> Et tout Paris s'en moque ;
> S'il en arrive un Cupidon,
> Prélat, daigne m'instruire,
> Faut-il baptiser le poupon
> Ou bien le circoncire ?

Voici encore un monologue de la chanteuse qui se termine par une réflexion très judicieuse :

Il est vrai que pour mes appas
Un circoncis soupire,
Et que j'ai reçu maints ducats
Pour finir son martyre ;
Quelle horreur ! quelqu'un me dira,
Qu'un juif vous entretienne !
Il est juif tant qu'il vous plaira,
Mais la somme est chrétienne.

Mais quel nouveau personnage apparaît ici dans l'histoire ? François Francœur, le célèbre violoniste, alors âgé de trente-trois ans, et connu de tous pour être l'amant de cœur de la belle ; un Francœur inscrit déjà parmi les vingt-quatre violons du Roi et devant bientôt joindre à cette charge enviée celle non moins recherchée de Compositeur de la Chambre, un Francœur déjà lié à son camarade Rebel par une indissoluble amitié qui devait les conduire à écrire ensemble force opéras, à occuper nombre de fonctions, à gouverner enfin l'Opéra, d'abord comme inspecteurs, puis comme directeurs, sans que leur mutuel attachement dût jamais se démentir ; mais un Francœur qui n'était pas encore engagé dans les liens du mariage — il faudra pour l'y décider qu'une

fille naturelle d'Adrienne Lecouvreur lui apporte
20.000 écus de dot — et pouvant dès lors disposer
de son cœur et de sa personne au mieux de ses
intérêts :

Un circoncis, pour me b....,
M'offre mainte pistole ;
Si j'allais le lui refuser,
Ce seroit être folle ;
Allons, Francœur,
Point de rigueur,
Il faut que je me rende.
— Hé bien Manon,
Rendez-vous donc ;
Mais partageons l'offrande.

Enfin ce dernier couplet représente une conversation amoureuse de Dulis avec sa maîtresse :

Je consens que de mes ducats
Francœur entre en partage,
Mais si de tes charmants appas
Il fait encore usage,
Ma Pélissier,
Sans nul quartier
Je le fais circoncire.
— Fi donc, rabbin !
C'est son engin,
Qui m'a servi de lyre.

Mathieu Marais explique dans ses lettres au

président Bouhier pourquoi l'action intentée par Dulis contre sa maîtresse avait été arrêtée une première fois : « A propos d'Opéra, écrit-il le 14 juillet 1730, le juif Dulys, qui était amoureux de la Pélissier, se plaint qu'elle lui a volé pour 40.000 écus de diamants. On dit qu'il a mis dans ses intérêts le curé de Saint-Sulpice, à qui il a promis de donner pour son bâtiment la moitié de ce qui reviendrait de cette poursuite. L'affaire a déjà été devant M. Hérault, qui n'en a point voulu connaître, la Pélissier ayant présenté un écrit par lequel le juif a promis de ne lui rien demander de ce qu'il lui avait donné. On est allé au lieutenant-civil, qui a permis de revendiquer les diamants. Voilà une belle cause entre un juif et une chrétienne, et si les gens du Roi voulaient l'approfondir, où n'irait-elle pas ? Mais ils n'en feront rien et personne ne sera brûlé. » A quoi le président Bouhier répond d'un mot : « Ce serait grand dommage pour les rieurs, si l'affaire du juif et de la Pélissier allait s'accommoder. Elle débute assez joliment. » Du reste, avocats et présidents s'entretenaient de cette affaire en gens de justice qu'un bon gros procès délecte, en esprits indépendants que le scandale amuse, surtout lorsque telle ou telle religion est en jeu. Mathieu Marais se félicite de voir éclore une « aussi belle cause », le président Bouhier regretterait qu'elle s'arrangeât après une début si plein de promesses ; enfin Barbier semble faire durer le plaisir à la raconter dans les plus grands détails.

On a vu dans l'année dernière, écrit-il en mai 1731, qu'il étoit venu ici à Paris un juif, demeurant ordinairement en Hollande, riche de sept ou huit cent mille livres de rente, homme de cinquante-cinq ans, qui a eu pour maîtresse Mademoiselle Pélissier, actrice de l'Opéra. Il a dépensé considérablement avec elle, faisant ici grande figure, étoit toujours le premier au balcon de l'Opéra, où il faisoit retenir sa place, et alloit au cours avec Mademoiselle Pélissier en carrosse à six chevaux, au milieu de la file, comme les princesses. La fin de toute cette aventure a été tragique. M. Du Lis a quitté la Pélissier et a eu avec elle le procès dont il a été parlé pour la restitution des diamants, qu'il disoit ne lui avoir que confiés, que parce qu'il a su que Mademoiselle Pélissier le trompoit, et qu'elle couchoit toujours avec le sieur Francœur, violon de l'Opéra, qu'elle aime. Il a quitté Paris et s'en est retourné en Hollande. Il lui a pris envie de se venger de ces perfidies ; il a envoyé le nommé Joinville (1), qu'il avoit pris à son service et qui l'avoit suivi en Hollande, à l'effet de faire donner de bons coups de bâton à M. Francœur, et aussi, a-t-on dit dans le public, de faire quelques marques au visage de Mademoiselle Pélissier. Malheureusement, Joinville ne savoit ni lire

____

(1) François Aline, dit Joinville, dit La France.

ni écrire ; il s'est adressé, pour écrire ses lettres de correspondance avec Du Lis, à un maître écrivain, pour mander à Du Lis qu'il s'étoit adressé à des soldats aux gardes pour entrer dans l'exécution, moyennant payement (1). Mais l'écrivain a été intimidé par un ami à qui il a conté la chose, en sorte qu'il a déclaré le tout à M. Hérault. Mademoiselle Pélissier et Francœur sont aimés par le plaisir qu'ils procurent au public. M. Hérault, lieutenant de police, a fait arrêter Joinville et les soldats aux gardes. L'affaire a été examinée si sérieusement au Châtelet, que M. Du Lis, juif, et Joinville ont été condamnés à être pendus ; Joinville, préalablement appliqué à la question, et sursis au jugement des soldats aux gardes, appel. MM. de la Tournelle, plus amateurs apparemment de musique, ont trouvé la chose si grave, qu'ils ont condamné M. Du Lis et Joinville à être rompus vifs, ce qui a été exécuté le 9 de ce mois, en effigie pour Du Lis et très réellement pour Joinville, qui pourtant, par grâce, a été étranglé (2). Ce jugement a été assez rude, d'autant que les coups de bâton n'ont point été donnés. Au surplus, c'est

(1) Les deux soldats aux gardes françaises s'appelaient Laurent Laure et Louis Glaron, dit Dragon. Il y avait encore dans cette affaire un nommé Pierre La Fouasse, dit Vitry, domestique du marquis de Montchevreuil. Voici le texte de la lettre par laquelle Joinville annonçait à son maître l'échec d'un premier guet-apens et la réussite prochaine d'un second : « Monsieur, le petit violon n'est pas encore en ordre, la grosse corde a manqué ; mais le luthier le mettra en si bon état que vous serez content. Reposez-vous sur mes soins ; je ne perdrai pas un moment pour que cela se fasse promptement. — Joinville. »

(2) L'arrêt qui recevait le procureur appelant *a minima* de la sentence qui condamnait les accusés à *être pendus*, avait été rendu la veille, le 8 mai 1731. Il est imprimé chez Pierre Simon, in-4 et porte pour titre : *Arrêt de la Cour du Parlement portant condamnation à la roue, vif, pour machinations d'excès et coups de bâtons.*

néanmoins un exemple nécessaire, pour les étrangers surtout, qui, sortant du pays, croiroient pouvoir se venger impunément d'un quelqu'un à qui ils en voudroient. Mais, au demeurant, voilà un homme bien sot avec son bien de s'être déshonoré pour une p....., en quelque endroit qu'il aille à présent.

Un fait que je sais du rapporteur : les lettres de Du Lis à Joinville n'étoient point signées. Quoique Joinville avouât tout, on étoit embarrassé pour condamner Du Lis. La Pélissier, sachant l'embarras pour la comparaison d'écriture, a eu le cœur d'apporter, ou, pour mieux dire, d'indiquer à M. le Procureur du Roi un contrat de quatre mille livres de rente que Du Lis avoit passé chez un notaire à son profit, et une procuration qu'il avoit passée chez un autre notaire. On a fait rapprocher les minutes qu'on a mises, avec les lettres qu'on avoit, entre les mains de deux experts qui ont décidé que c'étoit l'écriture de Du Lis. Il y avoit preuve que Joinville et les deux soldats aux gardes avoient attendu Francœur, au sortir de l'Opéra, avec un bâton sous leurs habits. Mais Francœur rentra chez lui en compagnie. Ils le suivirent, entrèrent même dans l'allée de sa maison sans pouvoir rien faire.

Pour les deux soldats, ils sont tirés d'affaire (1). On a ordonné un plus ample informé, et ce pendant garderont prison. On aura dit : « En voilà assez, pour l'exemple, sans faire perdre encore deux hommes à des capitaines. » Puisqu'on a été si rigide dans cette affaire et qu'on veut suivre les ordonnances, il fallait décréter Mademoiselle Pélissier ; car la voilà véhémentement

(1) Joinville a dit ne pas connaître un des deux. Il a dit avoir donné de l'argent à de Laure ; mais cela ne faisait qu'un témoin. De Laure, soldat, a bien fait de nier. (*Note de Barbier.*)

soupçonnée d'avoir un commerce avec un juif, ce qui est défendu sous des peines. D'ailleurs, c'est une gueuse qui, par son libertinage, est cause de tous ces malheurs. Ayant un amant comme Du Lis, qui lui a fait beaucoup de bien, elle ne devoit pas être en débauche avec Francœur. Cela seul méritoit de la faire enfermer ; mais, parce qu'on a besoin de Mademoiselle Pélissier à l'Opéra de Paris, on l'a laissée là, et on regarde cela comme une gentillesse. Et comme on n'a que faire du sieur de Joinville, on le rompt en place de Grève. En tout cas, si j'étois à la place de Francœur, je tremblerois toujours ; il y a bien à appréhender avec un homme qui a tant d'argent et qui doit être piqué personnellement pour une condamnation pareille, qui d'ailleurs a tout son bien en pays étranger. M. Nouet, rapporteur de cette affaire au Parlement, n'étoit que d'avis tout bonnement de confirmer la sentence du Châtelet, sans vouloir embellir la chose (c'est M. Nouet, fils de l'avocat).

A la vérité, il y a eu une lettre du Roi à M. de Blancmesnil, président de la Tournelle, pour faire justice ; c'est ce qui a peut-être déterminé les juges à cette condamnation à la roue pour l'exemple, ce qui revenoit au même, puisque Joinville a été étranglé. Il a joué de malheur et souffert plus qu'un autre parce que la corde du tourniquet a cassé. Il a fallu chercher une autre corde, qu'il étoit à moitié étranglé ; mais ce hasard ne vient point du fait des juges.

On dit que Du Lis a été renvoyé (de Hollande) et prié de se retirer par les Etats Généraux, et qu'il est en Angleterre.

Quoiqu'il en soit, ce jugement et le crédit de Made-

moiselle Pélissier n'ont point échappé à la critique du
public dans deux petits couplets :

> Pélissier, Marseille a des chaînes
> Bien moins funestes que les tiennes !
> Sous tes fers on est accablé,
> Sans que jamais rien tranquillise :
> Quand on les porte, on est volé ;
> On est roué quand on les brise.

> Admirez combien l'on estime
> Le coup d'archet plus que la rime !
> Que Voltaire soit assommé,
> Thémis se tait, la Cour s'en joue.
> Que Francœur ne soit qu'alarmé,
> Le seul complot mène à la roue.

Ce pauvre Voltaire n'avoit que faire de ce ressouvenir ; c'est un jeune homme de nos meilleurs poètes,
fils de M. Arouet, receveur des épices de la Chambre
des Comptes, à qui M. le chevalier de Rohan-Chabot
avoit, dit-on, fait donner des coups de bâton pour
payement de vers. Voltaire partit peu de temps après
pour l'Angleterre, et il n'en a rien été.

Barbier parle bien légèrement de cet outrage
infligé à Voltaire ; c'était là plus qu'un on-dit et
le jeune Arouet avait bien été, certain jour de
1726, bâtonné d'importance en plein midi, rue
Saint-Antoine, de la part du chevalier de Rohan :
il avait même été mis à la Bastille pour avoir

voulu se venger de cet infâme guet-apens. Le trait de la chanson contre la belle et son amant de cœur visait donc au bon endroit, et le rapprochement était assez frappant — sans jeu de mots — entre les coups de bâton que Voltaire avait reçus et ceux que le séduisant Francœur avait failli recevoir...

Lorsque Dulis était venu à Paris, il avait essayé d'abord, mais en vain, de lier commerce avec Mademoiselle Sallé, et ce n'est qu'à défaut de la danseuse qu'il avait jeté son dévolu sur la chanteuse. Mais il s'était si rapidement épris de celle-ci, qui lui tenait la dragée haute, que pour l'admirer de plus près, il avait pris une place attitrée, non pas dans les loges, mais aux balcons de l'Opéra, au milieu des grands seigneurs, dont c'était la demeure, et qui ne le virent pas d'un bon œil au même niveau qu'eux-mêmes; quelques-uns même, à ce qu'il paraît, « lui témoignèrent du mépris, dont il porta ses plaintes à un ministre et il y eut ordre de ne le pas insulter. » Pas d'insultes directes, non, mais non plus d'égards, et le malheureux juif, retenu à ces places très en vue par le désir d'être plus près de sa déesse, se forçait pour faire bonne contenance, comme s'il eût senti lui-même à quel point il lui convenait peu de se montrer en public au milieu de personnages d'un si haut rang, de manières libres et joyeuses, et mangeait des yeux la Pélissier dès qu'elle entrait en scène, à ce point que le parterre s'amusait de ce spectacle.On se murmurait de bouche en bouche : « Ah ! voilà le neveu du grand-prêtre en admiration devant son adorée ! » et des battements de mains ironiques éclataient à l'adresse de celui qui avait entouré la chanteuse d'un faste inimaginable, qui avait racheté pour elle, moyennant quatre-vingt mille livres, la garde-robe de théâtre d'Adrienne Lecouvreur, et n'avait pas, au total, en meubles, vêtements, argenterie et bijoux, dépensé moins de trois à quatre cent mille livres pour les beaux yeux de la dame. Et tout cela pour finir par la vouloir défigurer !

Si complet que soit le récit de Barbier, il est encore quelques détails assez curieux qu'il a négligé de rapporter et que Marais n'a pas oublié de noter. « Le juif, qui vouloit faire assassiner Francœur et balafrer la Pélissier, écrit Marais le 22 mars 1731, a voulu se venger par une satire, et a payé un poète qui a fait la fable de *la Perruche et le Pélican* ; elle s'est trouvée dans les papiers du valet arrêté. Je vous en enverrai une copie : voilà des voies de fait de toutes les façons. *Ti faro una canzone* d'une main, et le poignard de l'autre. »

Et dès le surlendemain il revient sur cette affaire afin d'examiner, en homme de loi, si l'on pouvait juger Dulis bien qu'il fût à l'étranger et si l'on pourrait demander son extradition : « Je vous envoie, écrit-il au président Bouhier, une pièce du procès du juif Dulis et de ses adhérents et assassins. Joinville (valet), interrogé sur cette pièce, qui s'est trouvée dans sa malle, a dit l'auteur à qui il l'a payée ; il s'appelle Castera, il est de Bayonne, et vient de faire *le Théâtre des Passions et de la Fortune,* qu'il a dédié à Monseigneur le Comte de Clermont. C'est une chose curieuse que cette épître dédicatoire. M. Hérault a envoyé quérir ce Monsieur de Castera, et lui a lavé la tête, et cela en est demeuré là ; mais la fable, qui ne doit pas être si secrète que l'instruction criminelle, a passé dans le public ; vous jugerez si la perruche est plus décriée qu'auparavant par cette belle satire, qui est en même temps allégorique et personnelle (1). On a arrêté un deuxième soldat aux Gardes pour cette affaire : c'est le Roi qui en est cause. Il dit au chevalier

(I) Cette fable, dont les contemporains s'occupaient beaucoup, est tellement insipide et plate qu'on n'en saurait rien citer : les curieux la trouveront à la Bibliothèque nationale, dans le recueil manuscrit dit *Chansonnier de Maurepas*, (t. XVII), ainsi que force couplets sur les amours publiques d'une catholique et d'un juif, couplets trop orduriers pour qu'on en puisse trancrire un seul.

de Contades, qui a une compagnie aux gardes :
« Il y a un des soldats de votre compagnie qui a
voulu assassiner un de mes petits violons, et ce
soldat a eu un congé. » Le chevalier avoua au Roi
que ce soldat lui avait dit qu'il avait été au cabaret
avec un de ses camarades boire un écu qui avait
été donné au camarade, qu'en buvant il lui avait
proposé une mauvaise action, que lui n'avait
point voulu accepter, et que voyant l'autre arrêté
il avait prié son capitaine de lui donner un congé
de trois semaines ; qu'il lui avait donné et qu'il
savait où il était ; on l'a donc arrêté aussi. Tout
Paris croit que ce n'est rien que cette affaire ; mais
c'est qu'on ne sait pas la peine de machination en
France, et on a oublié Madame Tiquet, qui fut
décapitée sur ce seul crime, et avant elle Madame
de Lizore. La question est si l'on peut faire le
procès au juif, qui est en pays étranger ; et pourquoi non, puisque le crime prémédité et machiné
devait s'exécuter en France ? Si le juif était ici, on
lui ferait son procès en personne ; puisqu'il n'y
est pas, il faut le faire par contumace. Je crois
même que les Hollandais devraient le livrer si on
le leur demandait, car ce crime peut aller au plus
loin ; il a de plus 50.000 francs de rentes sur la
Ville, et cela est bon à confisquer. Le procès civil

pour les pierreries n'a point eu de suites ; Il a été jugé sur le Théâtre Italien. Mais voilà un étrange homme de poursuivre sa vengeance contre une telle créature, jusqu'à la vouloir faire assassiner et son amant, et encore la calotiner (1). »

Et comme s'il eût fallu à cette histoire amoureuse et sanglante un couronnement poétique, il se trouva qu'elle fut narrée en pompeux alexandrins dans un poème avec récits, descriptions et chœurs, *les Fêtes Péliséennes*, composé après l'orgie qui eut lieu au magasin de l'Opéra, juste un mois plus tard, le 4 juin, sous la présidence de Gruër, et dans laquelle la Pélissier joua un rôle des plus actifs. Ecoutez-la exhorter l'aimable compagnie à la débauche en racontant elle-même ses amours partagées entre Dulis et Francœur :

> La fine Pélissier, lubrique renommée,
> Qui de lubricités est toujours affamée,
> Dans un réduit impur qu'on nomme magasin
> Un beau jour se trouva d'un bachique festin.
>
> Voyant dans ce repas des bornes trop honnêtes :
> — Mais, dit-elle, est-ce ainsi qu'on célèbre les festes ?

(1) C'est-à-dire : chansonner. Une *calotte* s'employait quelquefois, alors dans le sens de chanson satirique ou pamphlet. Marais écrivait au président Bouhier, le 22 mai 1731 : « Il y a une calotte contre le curé de Saint Sulpice, sur une fête où il y avait des petites filles : vous l'aurez aussi. »

Je veux vous divertir en vous contant mes tours.
Après avoir bien bu, commença son discours.

Jadis de certain juif je me suis vu chérie,
Son amour même alloit jusqu'à la frénésie.
C'était un vieux barbon, de ses membres perclus ;
Mais en lui je trouvai les trésors de Crésus.

Chaque jour il donnoit bijoux, autre richesse,
Et prenoit le plaisir qui sied à la vieillesse,
Qui peu me convenoit, mais de ses revenus,
D'un vaillant substitut je payois les vertus.

Les caresses d'un juif me furent odieuses,
J'en craignois en secret les suites dangereuses,
Un chacun murmuroit de ce commerce affreux,
Le Parlement le vit, mais il ferma les yeux.

Le galant s'aperçut de ma scélératesse,
Enrageant, mais en vain, de sa sotte faiblesse,
Au palais m'appela, présenta des placets
L'injustice à la main, je gagnai mon procès.

L'extravagant, frappé de cet affront extrême,
Se promit d'en tirer vengeance par lui-même ;
La cour du Parlement surprit le pauvre sot,
Par un arrêt de mort le punit du complot.

Mercure fut le dieu de la galanterie,
Il étoit le soutien de la friponnerie ;
Messieurs du Parlement, l'imitant aujourd'hui,
Par un arrêt public s'en déclarent l'appuy.

Par ces dignes exploits j'assurai ma mémoire ;
Faites tous vos efforts pour trouver cette gloire,
Et que ce jour enfin soit le jour glorieux
Qui nous fasse admirer chez nos derniers neveux !

Est-ce que ce n'était pas là bien parler et ceux qui croyaient se moquer de la chanteuse en lui faisant tenir un pareil langage n'étaient-ils pas bons prophètes sans le savoir puisque la Pélissier, disparue depuis près de deux siècles, est toujours célèbre et doit le plus clair de sa réputation, qui n'est pas près de s'éteindre, aux fructueuses relations qu'elle eut avec Lopez Dulis, aux ébats licencieux qu'elle prit chez Gruër ?

CHAPITRE III

Mademoiselle Petit
et le Marquis de Bonnac

Grand scandale à l'Opéra un beau jour de 1740. La représentation n'avait pas encore commencé, mais l'heure approchait. Tous les artistes qui jouaient dans le spectacle avaient déjà fait acte de présence et étaient dans leurs loges en train de s'habiller. Une jeune chanteuse, errant dans les corridors, aperçut par une porte entrebâillée certaine de ses camarades qui, sans se vêtir trop vite, prenait de libres ébats avec quelque grand seigneur, qu'elle avait admis aux mystères de sa toilette. L'indiscrète personne n'eut rien de plus pressé que de raconter sa découverte à quelques bonnes langues de la troupe : en quelques minutes, la grande nouvelle s'était répandue par tout le théâtre, si bien qu'au moment où la délinquante se montra dans les coulisses elle fut accueillie par des rires ironiques, des mots à double sens, des clignements d'yeux expressifs. Cet incident, qui faillit jeter le désarroi dans tout le spectacle, tant les artistes s'en préoccupaient plus que de leurs rôles, fut bientôt connu dans la salle où il n'excita pas moins de gaîté que sur le théâtre. La faute avait été publique, il fallait que la punition le fût aussi et les directeurs de l'Opéra, qui usaient volontiers d'indulgence en pareil cas — pour n'avoir pas toujours à punir — crurent devoir faire un exemple : ils congédièrent la pauvre fille qui n'avait guère péché que par omission, puisqu'elle avait simplement oublié de s'enfermer. Barbier certifie la chose en deux mots : « Une fille d'Opéra a été accusée par plusieurs de ses compagnes d'avoir .... dans sa loge, en s'habillant, par le marquis de Bonnac, jeune seigneur. En conséquence, suivant les règles de police de cette congrégation, elle a été chassée de l'Opéra. Pour se justifier dans le public de cette calomnie, elle a fait courir un petit mémoire imprimé fait par une bonne plume, que je n'ai pu avoir. Il a été connu, parce qu'à propos de rien, elle fait un parallèle entre les filles d'Opéra et les fermiers généraux. Ils entrent également dans le monde sans biens et en gagnent, les uns à coups de plume, les autres .... Ils sont détestés de ceux aux dépens de qui ils s'enrichissent, les filles sont adorées de ceux mêmes qu'elles ruinent (1). »

La fille d'Opéra ainsi surprise en flagrant délit de conversation galante était une danseuse et s'appelait Petit. Elle faisait partie du corps de ballet déjà depuis sept ans et sans avoir un talent bien marqué, elle était arrivée à être une des premières figurantes, ce qui la mettait quelquefois assez en vue en lui donnant occasion de danser hors du gros de la troupe (2).

(1) *Journal de Barbier*, décembre 1740.
(2) Voici ses états de service tels que les donne le *Manuscrit Amelot* : « Petit première. — Danseuse figurante. Entrée à l'Opéra en 1733 aux appointemens de 400 livres. Remerciée le 1er novembre 1736 pour avoir manqué de respect au directeur. Rentrée en 1746, le 1er avril, aux appointemens de 400 livres ; retirée en 1747. » Il y a ici une erreur de date : c'est seulement en 1740 (Barbier en fait foi) et non en 1736 que la susdite demoiselle fut renvoyée de l'Opéra ; et puis n'admirez-vous pas cet euphémisme : « *Remerciée pour avoir manqué de respect au directeur* » ?

Quant à ce jeune seigneur immodeste et immodéré, il portait le titre de marquis de Bonnac depuis deux ans seulement, depuis la mort de son père : il était le fils aîné de Jean-Louis d'Ussau, marquis de Bonnac, qui, d'abord capitaine de dragons, s'était ensuite distingué dans la diplomatie et après différentes missions difficiles auprès de Charles XII de Suède, de Stanislas, roi de Pologne et de Philippe V, en Espagne, avait été ambassadeur à Constantinople, où il demeura neuf ans, puis en Suisse, et qui était à la fin de sa carrière lieutenant général du roi dans le pays de Foix. « J'ai appris aujourd'hui la mort de M. de Bonnac, gendre de M. le maréchal de Biron, écrit le duc de Luynes, le 18 septembre 1738 : il laisse onze enfants, dont l'aîné a vingt-sept ou vingt-huit ans. On dit qu'il y a peu de bien ; cependant M. de Bonnac a été pendant plusieurs années employé dans deux ambassades qui, ordinairement, ne dérangent pas les affaires, celle de Constantinople et celle de Suisse. Dans la première, il y a un grand commerce à faire. Il est vrai que l'ambassadeur de France ne doit point être intéressé dans le commerce, mais cela ne s'exécute pas régulièrement. Il y a outre cela des présents considérables qu'il est d'usage que l'ambassadeur reçoive des commerçants, lorsque sa femme accouche à Constantinople de son premier garçon, et Madame de Bonnac y est accouchée. A l'ambassade de Suisse, l'ambassadeur est toujours chargé de sommes très considérables que le Roi fait distribuer, et desquelles ceux qui les reçoivent ne donnent point de quittance ; mais cette sorte de profit ne serait pas dans la règle. Ce qu'il y a à ces deux ambassades, c'est que la dépense n'en est pas considérable. M. de Bonnac est mort d'apoplexie. » Plus tard, le jeune marquis de Bonnac entrera également dans la diplomatie et sera nommé en Hollande, en remplacement de M. de Saint-Contest, mais sans y déployer les mêmes talents que son père : il avait hérité de lui bien moins sa rare habileté de diplomate que son riche tempérament d'amoureux.

Les choses n'en restèrent pas là et ce fait si simple par lui-même, le renvoi d'une danseuse pour conduite licencieuse, devait soulever dans le monde une émotion durable et exciter au plus haut point la verve des méchantes langues et des beaux esprits qui s'amusèrent à répandre quantité de quolibets plus ou moins grossiers sur la victime et sur ses dignes camarades. Quand les railleurs s'emparaient d'un sujet de ce genre au

XVIIIe siècle, le bruit n'était pas près de s'éteindre, et comme cette fois l'aventure se prêtait merveilleusement à toutes sortes de fantaisies satiriques, la farce dura encore plus longtemps que d'habitude. Il parut à la file jusqu'à huit pièces en prose, sans parler des vers, où les rieurs daubaient à cœur-joie les filles d'Opéra tout en affectant de prendre chaudement parti pour ou contre Mademoiselle Petit, et ces pièces, que le public s'arrachait, sont aujourd'hui comme introuvables : elles vont toutes défiler ici dans leur ordre exact et leur texte intégral.

FACTUM POUR MADEMOISELLE PETIT

DANSEUSE DE L'OPÉRA, RÉVOQUÉE, COMPLAIGNANTE

AU PUBLIC

MESSIEURS,

C'est avec autant de douleur que de honte, que je me trouve réduite à emprunter la plume d'un ami pour me défendre contre mes persécuteurs et contre mon accusatrice ; j'espère encore assez des uns, et je méprise trop l'autre pour les nommer ; le public les connaît, il sera notre juge. Je suis cette Danseuse qu'on a, dit-on, surprise sous le théâtre de l'Opéra, telle que Mars et Vénus furent exposés aux yeux de l'Olympe, assemblés dans les retz de Vulcain ; ce témoin prétendu de mon infamie ressemble assez par la noirceur de son teint et la difformité de sa taille à ce chef des Ciclopes, son âme est bien digne du corps qu'elle occupe, elle a tous les vices de son état et n'en a pas les vertus (1).

Il est d'usage parmi nous de s'accorder une indulgence réciproque en matière de galanterie ; cette discrétion politique est absolument nécessaire à l'intérêt commun, sans cela nous serions tour à tour les dupes de nos vengeances, et les hommes cesseraient d'être les nôtres.

J'avoueroi que je ne voulois entrer à l'Opéra que dans la vue d'imiter mes compagnes et d'arriver comme elles au bonheur par la route du plaisir. Je suis jeune et bien faite et d'une assez jolie figure ; j'ai les yeux petits, mais vifs, et ma mère, qui s'y connaît, dit qu'ils en valent bien de plus grands.

Tous mes amis sollicitèrent donc pour moi une place dans les chœurs, et je l'obtins à force de crédit : j'ai compté dès lors ma fortune faite.

Nous sommes sur le théâtre ce que les fermiers généraux sont dans les fermes. La plupart commencent avec rien, nous commençons de même ; ils s'intéressent dans plus d'une affaire : nous n'avons jamais qu'une seule intrigue ; ils doivent l'alliance des grands à leurs richesses : nous la devons à nos appas ; ils sacrifient leurs amis à l'intérêt : nous lui sacrifions nos amours ; un trait de plume leur vaut cent mille francs : une faveur accordée nous en vaut quelquefois davantage ; ils font des traités captieux : les nôtres

(1) Mlle Jacquet, dont il sera parlé longuement plus tard.

sont équivoques ; le goût du plaisir nous mène à la prodigalité ; le faste les rend dissipateurs. Deux choses nous différencient : ils s'endurcissent pour thésauriser : nous nous attendrissons pour nous enrichir ; ceux qu'ils ruinent les maudissent : ceux que nous ruinons nous adorent.

Vous voyez, Messieurs, que je connaissais toutes les prérogatives de ma place, et j'aurais bientôt acquis le peu qui me manquait pour la remplir dignement. J'ai peu d'esprit, mais en faut-il beaucoup quand on a le reste, et d'ailleurs le théâtre n'en donne-t-il pas ? Hélas ! j'en aurais eu comme les autres, sans la malheureuse aventure que la calomnie m'impute pour m'en enlever de brillantes.

Je vais, Messieurs, vous exposer le fait qui a servi de base aux impostures de mon accusatrice ! J'arrivai sur les trois heures à l'Opéra avec ma coiffeuse, le tailleur étoit dans la loge. M... (1), protecteur de toutes les filles qui commencent, était venu assister à ma petite toilette, et me débitait mille jolies choses sur l'éclat de mon teint, la blancheur de ma peau et la finesse de ma taille. J'écoutois ce qu'il me disait avec confiance, un usage de vingt ans donne bien de la facilité pour le débit. Monsieur B... (2), qui passa vis-à-vis de ma loge, m'aperçut et me souhaita le bonjour, je lui répondis en fille bien née : un homme de qualité ne veut pas être en reste de politesse ; il entra dans ma loge et me dit des folies auxquelles je répliquai avec sagesse ; enfin il m'enfila de conversation et nous nous donnâmes en badinant quelques coups ;

(1) M. Dalainville.
(2) M. de Bonnac.

j'avais eu le dernier : je courus après lui dans le dessein de m'en venger, il me demanda grâce et me baisa la main, je m'apaisai. La... (1), qui passa dans cet instant, feignit de prendre les préliminaires pour la chose même ; elle alla sur le théâtre annoncer ses lubriques visions à Mademoiselle Cartou, qui refusa de la croire, et qui lui conseilla chrétiennement, la chose supposée vraye, d'en supprimer le scandale, qui ne pouvoit manquer de rejaillir sur tout le corps.

Les méchans n'écoutent point de conseils, elle raconta le fait à des esprits moins bons et plus crédules sur le compte du prochain ; quand je parus dans les coulisses, on vint me regarder, on se parla bas, on rit sous cape, je m'aperçus que j'étois l'objet de tout ce manège, j'en demandai la raison, et je l'appris avec toute l'indignation que donne le témoignage de la conscience contre la calomnie. M. de T., galant homme, mais subordonné, fut informé de l'histoire par une femme, qu'il est obligé de croire, lors même qu'elle ment ; je fus sacrifiée à sa haine, que j'ai encourue sans l'avoir méritée ; voilà le fait tel qu'il s'est passé (2).

(1) Encore Mlle Jacquet.

(2) M. de T. est Louis-Armand-Eugène de Thuret, ancien officier du régiment de Picardie et directeur de l'Opéra, de 1733 à 1744. S'il est qualifié de *subordonné*, c'est qu'il était entièrement soumis au prince de Carignan, directeur suprême de l'Académie depuis 1731 sous le titre d'inspecteur général et que le prince, à son tour, était l'humble esclave de sa maîtresse, Mlle Mariette, dite *Princesse*, sœur de Poulette et tour à tour médiocre chanteuse et danseuse médiocre à l'Opéra ; assez méchante d'ailleurs et prompte à la colére, comme l'indique l'article XVII de *la Constitution de l'Opéra*, attribuée à Chevrier : « Il n'y a point de danseur à l'Opéra qui sache danser le menuet : en récompense, on y voit telle danseuse qui pourrait danser les furies sans masque. » C'est elle que Thuret était *obligé de croire, lors même qu'elle mentait.*

Examinons maintenant quel ordre on a observé dans l'arrêt de ma proscription. *Unus testis, testis nullus. Un seul témoin ne fait point de témoignage* ; la loi est formelle et triomphante en ma faveur ; je n'ai contre moi qu'un témoin, encore est-ce une fille, et quelle fille, Messieurs ! Il me faudrait toute son impudence pour détailler l'histoire de sa vie ; ce que je vous dois, Messieurs, aussi bien qu'à mon sexe, ne me permet pas de l'entreprendre ; il me suffit de vous dire que son amant lui-même l'avoit quittée il y a environ un an. M. Pibrac sçait bien pourquoi ; mais ces Messieurs se taisent par devoir, et je me tais par bienséance. Si ma partie avoit pensé comme moi, je ne me verrois pas aujourd'hui forcée à la noircir pour me justifier. Tel est, Messieurs, ce témoin qui dépose contre moi. Voyons si ceux qui m'innocentent ne méritent pas au moins de balancer sa déposition.

1º Vous avez acheté son silence. — Qu'on prouve la subornation ; l'on a menacé le pauvre homme de le chasser, il a persisté dans la négative, et je ne suis assurément pas en état de le dédommager de son emploi, s'il venait à le perdre.

2º Sept autres témoins oculaires déposent contre vous. — Qu'on les produise, ces témoins ; qu'ils se présentent devant moi pour me confondre par une déposition unanime et circonstanciée. Suffit-il donc d'annoncer des témoins pour condamner un accusé ? La loi n'exige-t-elle pas qu'ils soient confrontés avec lui, afin qu'il puisse infirmer leur témoignage, s'il le trouve faux, ou qu'il soit forcé à l'aveu du crime, s'il est coupable ?

3º La coiffeuse est d'une profession suspecte, et elle est à vos gages. — Elle n'est point à mes gages, et quand cela serait, en matière criminelle le témoignage des domestiques est reçu dans les Tribunaux. Sa profession, à la vérité, est suspecte ; mais sa personne ne l'est pas et sa déposition est d'un autre poids que celle de ma partie, dont heureusement pour moi les histoires sont avérées.

M. D... (1), décoré des honneurs militaires, est connu par sa probité ; est-il aussi un témoin suspect de vénalité ? N'avait-il pas même des raisons, non seulement pour m'abandonner, mais pour être le plus cruel de mes ennemis, si j'avais été coupable ? Il est cependant le premier et le plus ardent de mes défenseurs ; il a vu arriver M... (2), il a entendu ses propos et mes réponses ; il a été témoin de mes actions ; rien de tout ce qui s'est passé entre nous ne lui a échappé : un témoignage de cette espèce est, je crois, victorieux, et doit rejetter sur mon accusatrice toute l'infamie dont elle a voulu me couvrir. Je ne demande point à rentrer à l'Opéra, il ne faut pas même que la femme de César soit soupçonnée, j'aurais trop à rougir du seul souvenir de cette affreuse intrigue ; mais j'exige, Messieurs, un acte de justice de votre part que vous ne sçauriez me refuser ; si la calomnie est avérée, siflez mon ennemie, que vos avanies la forcent à chercher les ténèbres, azile du crime : elle est, en chanteuse, ce que je suis en danseuse ; vous perdrez peu à ses talens, et vous aurez la satisfaction d'être les vengeurs de l'innocence opprimée.

Ce plaisant factum, qui obtint dans la capitale

(1) M. Dalainville, déjà nommé.
(2) Toujours M. de Bonnac.

un vif succès de gaîté, était de la façon de l'abbé
de La Marre, abbé galant, à la fois poète et librettiste, qui menait une vie assez déréglée ; qui adressait des poésies sacrées au Pape en même temps
que des stances amoureuses à Iris ou à Silvie ; qui
fournit, enfin, à l'Opéra deux livrets qui ne furent
pas sans obtenir une brillante réussite : d'abord
le ballet héroïque de *Zaïde, reine de Grenade*, mis
en musique par Royer et joué en septembre 1739,
puis la célèbre pastorale de *Titon et l'Aurore*,
dont Mondonville composa la musique et qui fut
représenté en janvier 1753, près de dix ans après
la mort du librettiste. On ne sait que peu de chose
sur la courte carrière de ce singulier homme
d'Eglise. Originaire de Bretagne, — il était né à
Quimper vers 1708, — il était venu de bonne heure
à Paris et s'était aussitôt répandu dans les cafés,
les théâtres et les coulisses ; il se tira d'abord d'affaire grâce au secours de quelques amis généreux
et en particulier de Voltaire, mais ces premières
ressources furent bientôt épuisées, et pour en trouver d'autres, le poète crotté se lança dans toutes
sortes d'intrigues et de combinaisons plus ou
moins estimables, toujours empruntant, toujours
endetté, ne pouvant jamais rendre et traînant sans
cesse à sa suite une troupe de créanciers criards.

Un beau jour enfin l'idée lui vient de se faire attribuer dans les armées un emploi qui puisse l'enrichir ; il jette alors la soutane aux orties et rejoint l'armée en Bavière ; mais voilà-t-il pas qu'il est pris d'un accès de fièvre chaude, qu'il se jette par la fenêtre et se brise la tête sur le pavé ? Il n'avait guère plus de trente ans !

RÉPONSE AU FACTUM

Publié sous le nom de la demoiselle Petit, cy-devant actrice de l'Opéra

POUR

MADEMOISELLE JACQUET

Accusée d'imposture et de calomnie.

MESSIEURS,

J'avois voué un généreux silence aux imputations injurieuses et aux éloquentes invectives de la demoiselle Petit : j'avois résolu de ne leur opposer que le mépris dû à sa personne ; mais le nom de calomniatrice, si nouveau pour moy, m'a paru encore intéresser tellement l'honneur de la profession que mon innocence se trouve forcée d'élever aujourd'hui sa voix pour vous demander justice à mon tour. Le procès qu'on m'intente injustement est, Messieurs, actuellement par devant vous : vous êtes saisis de la contestation par le fait de ma partie même, et les pièces sont sur le bureau. Il est question d'examiner les prétendus

7

griefs de mon adversaire, la discussion n'en sera pas longue et j'y répondrai sommairement.

Les différends d'éclat entre particuliers tournent toujours au profit du public qu'ils amusent et qu'ils divertissent. Le public a les revenans-bons de toutes ces scènes réjouissantes que ces sortes de démêlés font naître : mais ils répandent aussi fort souvent un certain lustre sur des personnages obscurs qu'on auroit toujours ignorés, s'ils n'avoient pris soin de se faire connoître. Tel est précisément le cas où nous nous trouvons, la Petit et moy. Humbles actrices des chœurs, condamnées par la médiocrité de nos talens à figurer entre les coulisses et tout au plus à faire nombre, sans la contestation dont il s'agit, qui jamais eût soupçonné notre existence ? Grâce aux soins de mon adversaire, vous avez de jolis portraits de nous, et ces deux curieux morceaux deviendront une pièce de cabinet. Je pardonne à la charmante Petit de m'avoir affublée en cyclope femelle. On sçait que pour entrer à l'Opéra, il ne faut point faire preuve de beauté. Il est rare d'y trouver des attraits naturels. Dans ce pays merveilleux tout n'est qu'artifice, illusion et prestige. Nous ressemblons à nos perspectives et nous sommes proprement nous-mêmes une sorte de décoration. L'art épuise toutes ses ressources pour nous aider à tromper les yeux. Le mérite personnel d'une actrice consiste à faire valoir de faibles attraits, à changer ses défauts mêmes en agrémens et enfin à faire adorer quelquefois jusqu'à sa laideur. Ainsi l'esprit ou l'adresse est chez nous d'un plus grand usage que la figure, et la supériorité que j'ai sur mon adversaire à cet égard peut bien compenser, ce me semble, les petits avantages qu'elle exagère tant. Je lui passe sa taille, *et ses petits yeux vifs qui en valent bien de plus grands, à ce que dit sa mère.* On voit que ces petits yeux vifs débutoient assez joliment, et les connaisseurs qui apparemment ne les avoient pas encore remarqués, doivent bien les regretter aujourd'hui.

J'adopte volontiers les maximes établies par mon adversaire au sujet des devoirs de notre état. La comparaison des actrices avec les fermiers généraux est un morceau brillant, digne d'une plume plus exercée que la mienne. Mais je la trouve un peu hardie et je ne l'aurois pas poussée si loin. Nous devons des ménagements à ces Messieurs dont le goût constant pour l'ordre des actrices nous fait sentir de plus en plus la conformité de nos conditions.

Je viens à l'exposé du fait.

Il y a deux choses à examiner dans le récit de mon adversaire : premièrement, le fait en lui-même, tel qu'il est détaillé dans le factum ; deuxièmement, le personnage que j'ai fait dans cet évènement. Il s'agit de trouver d'une part dans les circonstances du fait l'innocence dont se prévaut la partie, et d'un autre côté de voir dans la conduite que j'ay tenue ce qui fonde le nom odieux de calomniatrice dont on me décore.

La Demoiselle Petit est dans sa loge : un homme assiste à sa toilette et lui débite de jolies choses sur son teint, sa peau et sa taille. Voilà Mademoiselle Petit enyvrée d'encens et son imagination toute préparée à recevoir des impressions encore plus flatteuses. Un homme de condition vient à passer, il dit des folies à la belle : des folies sont plus piquantes que des fadeurs, mais la sagesse dicte ses réponses.

Cependant on s'*enfile*... de conversation et puis les mains sont de la partie ; on s'agace par de petits coups, adieu la sagesse et la gravité. Ma chère compagne, *en fille bien née*, n'est point accoutumée à demeurer en reste et ne veut pas surtout avoir le dernier ; elle court après son homme, le rejoint, et bientôt lui fait demander quartier. Je passe dans l'instant du combat. Il étoit en effet assez difficile de distinguer d'un premier coup d'œil s'ils en étoient *aux préliminaires ou à la chose même*. Mais je suis naturellement poltronne et j'imitai ces espions peu aguerris qui quittent la place aussitôt qu'ils voyent deux corps de troupes s'ébranler sans être curieux du conflit. Je gagnai aussitôt le théâtre, je rencontrai Mademoiselle Cartou, et je lui contai tout simplement ce que j'avois vu sans aucune charge. Voilà dans quelles circonstances je vous laisse à démêler, Messieurs, l'innocence de Mademoiselle Petit. Pour moi, sans entrer dans le mérite du fond, je vois du moins bien de l'imprudence de sa part. La galanterie conduite avec les égards qu'on se doit à soi-même n'est plus regardée chez nous comme un crime et devient presque une vertu de notre état, parceque nous lui devons à coup sûr la meilleure partie des agrémens qui nous font réussir en public. Mais il ne faut point apporter l'air du libertinage sur le théâtre. Allumons-y toutes les passions que nous sommes capables de faire naître, lançons des traits inévitables aux cœurs qui viennent s'offrir à nos coups, mais soyons-y comme dans un fort impénétrable à ceux de l'Amour. C'étoient à peu près les réflexions que je confiois à Mademoiselle Cartou, croyant ne parler que pour elle, mais des oreilles attentives surent nous dérober notre entretion. Ainsi l'histoire se répandit, plus ou moins chargée selon le degré de malignité qu'elle acquerroit en passant de bouche en bouche. De là les ris et les regards fréquens dont se plaint avec raison la Demoiselle Petit. Suis-je donc une calomniatrice pour m'être allarmée. sur des apparences qui ont causé tant de scandale, et donc les conséquences m'intéressoient avec tout le corps des actrices ? Mais à qui pourra-t-on prouver que j'aye dénoncé la Demoiselle Petit pour mériter le nom de délatrice ? M. de T..., qui sur cet article entend raillerie mieux qu'homme du monde, auroit-il sur mon seul témoignage fait un exemple aussi sévère ? Je ne suis rien dans toute cette affaire, Messieurs, je ne suis ni témoin ni dénonciatrice, et je ne sçai par quel endroit Mademoiselle Petit m'a démêlée pour décharger son dépit sur moi.

Les moyens de récusation articulés contre ma personne sous cette prétendue qualité de dénonciatrice ou de témoin, ne sont pas mieux fondés que le reste. L'histoire de ma vie qu'on n'ose détailler est le premier de ces moyens. Or vous jugez aisément, Messieurs, que mon histoire est à peu près la sienne. Intrigues, galanteries, manèges et quelques infidélités peut-être (car pourquoi ne l'avouerais-je pas ?) voilà le tissu de notre vie ; nous sommes toutes faites de même ; il n'y a que les mœurs qui nous distinguent, et je ne crois pas qu'elle gagnât beaucoup au parallèle de nos mœurs. Le second moyen est que mon amant m'a quittée depuis un an pour une raison sçue de M. Pibrac. Aurois-je bonne grâce de donner ici la liste des amans qui ont quitté et repris tour à tour Mademoiselle Petit ? Comment donc peut-elle me faire un crime de ces vissisitudes attachées nécessairement à notre profession ? Quand il seroit vrai qu'un accident comme celui qu'elle fait soupçonner m'auroit fait perdre mon amant, n'est-elle pas elle-même exposée tous les jours au même inconvénient, et sans interpeller son chirurgien je vous laisse imaginer, Messieurs, s'il y a toute la sûreté possible avec de petits yeux vifs tournés comme les siens !

La Demoiselle Petit, effrayée du seul soupçon formé contre elle, ne demande point, dit-elle, à rentrer à l'Opéra ; sa délicate pudeur auroit trop à souffrir, et sans doute elle soutiendroit mal les regards curieux du public, mais elle conclut à me faire quitter le théâtre à force de sifflets. Pour moi, Messieurs, l'acte de justice que j'ose à mon tour exiger de vous est qu'en vertu du présent désaveu par lequel je me déporte, en tant que besoin, de la qualité de dénonciatrice qu'on me prête gratuitement, la Demoiselle Petit soit réintégrée à l'Opéra et réhabilitée en conséquence dans la meilleure forme qu'il sera possible. C'est toute la vengeance que je veux tirer d'elle.

Est-ce encore l'abbé de La Marre qui rédigea cet écrit satirique après le précédent ? C'est bien possible et on le lui attribue sans doute à bon droit car nul n'était mieux placé pour connaître les intrigues secrètes et les médisances de l'Opéra, et pour maltraiter aussi vivement deux pauvres filles qui n'en pouvaient mais, tout en ayant l'air de les défendre et de prendre chaudement leur parti. Il devait les connaître également — et peut-être intimement — toutes les deux ; car son opéra de *Zaïde* ne précéda que d'un an l'*accident* de Mademoiselle Petit ; or celle-ci y dansait le ballet avec Mesdemoiselles Sallé, Dumoulin, Dupré, etc., tandis que Mademoiselle Jacquet chantait le rôle d'Isabelle, princesse napolitaine, dans le prologue. En plaidant ainsi tour à tour pour l'une et pour l'autre, l'abbé prêchait peut-être à la fois pour et contre son saint.

Louise Jacquet, étant née le 26 septembre 1722, n'avait encore que dix-sept ans et n'était entrée à l'Opéra que depuis un an lorsqu'elle fut mêlée à cette aventure : quoiqu'elle n'ait jamais atteint au premier rang, elle n'était pas sans mérite et sut se faire une place honorable au théâtre. C'est elle qui créa le rôle de Junon dans l'opéra-ballet bouffon de Rameau : *Platée, ou Junon jalouse ;* elle chanta aussi dans *Zoroastre* et joua d'original les rôles d'Eglé et de la Fortune dans les opéras de Lagarde : *Ismène* et *Eglé,* composés tout exprès pour le théâtre particulier de Madame de Pompadour : c'étaient Madame Trusson et la duchesse de Brancas qui avaient tenu les premières, à Versailles, les personnages que Mademoiselle Jacquet fut appelée à figurer sur la scène de l'Opéra (1). Ces rôles, assez importants, ne

(1) Voir mon *Histoire du Théâtre de Madame de Pompadour* (grand

lui furent confiés que vers le milieu de sa carrière ;
mais à l'époque de l'exil de Mademoiselle Petit,
elle en était encore à ses débuts et devait s'estimer
heureuse de remplir un petit rôle dans le prologue
de *Zaïde :* au bout de dix-huit ans de service, elle
prit sa retraite et alla vivre à Aix, en Provence,
où la suivirent les regrets de tous ceux qu'avaient
charmés sa jolie voix et son minois fripon :

> Jacquet, par son air de gaîté,
> Animerait le plus farouche ;
> Le plaisir et la volupté
> Brillent en ses yeux, sur sa bouche (2).

Véritable réponse de la demoiselle Jacquet

AU FACTUM DE LA DEMOISELLE PETIT

*Avec le jugement de MM. les Commissaires, députés
du Public.*

MESSIEURS,

Je pensois que la Demoiselle Petit avoit assez fait
contre elle-même par la pièce qu'elle a publiée, pour

in-8, Paris, 1874) réédité dans *la Comédie à la Cour, les théâtres de
Société royale au siècle dernier* (in-4 carré, Firmin-Didot, 1883).

(2) Voici, d'après le *Manuscrit Amelot*, les états de service exacts
de cette artiste : « *Jacquet.* — Demoiselle des chœurs, entrée à
l'Opéra en avril 1739 aux appointemens de 400 livres. Augmentée
en avril 1744 de 100 livres, en avril 1745 de 100 livres, en avril
1746 de 200 livres, en avril 1747 de 400 livres, en avril 1750 de
300 livres, en avril 1752 de 300 livres et en may 1754 de 200 livres.
Gratification annuelle au 1er octobre 1749 : 300 livres. Au 1er juillet

ne me laisser rien ajouter aux opprobres dont elle se couvre. J'avois quelque répugnance à rouvrir une playe si profonde et je me reprochois, en attaquant sa réputation, de fraper un cadavre. Mais puisqu'elle porte sa malignité jusqu'à faire répandre sous mon nom une prétendue défense qui seroit son triomphe, si j'avois eu la lâcheté d'y participer, il est juste que mon désaveu détrompe aujourd'hui le Public, et que je mette au jour les véritables moyens qu'une plume équitable et fidèle avoit préparés en ma faveur, avant même qu'on vit paroître l'écrit supposé par ma partie.

Prête à descendre aux Champs-Elysées, sous ces sombres avenues de myrthes destinées aux héroïnes de Cythère, faut-il que mon âme fugitive soit arrêtée sur les bords du tombeau par les cris injurieux de mon adversaire ? Craint-elle donc que sa honte soit ensevelie sous le théâtre de l'Opéra ? Veut-elle que son nom passe à la postérité dans les fastes scandaleux de notre siècle ? Il faut seconder ses intentions. Il est vrai, Messieurs, je l'ai révélé, ce crime qui sera peut-être funeste à mes jours pour en avoir été seulement témoin : mais si c'est une faute de publier l'infamie de qui prend si peu soin de la cacher, qui n'eût commis cette faute à ma place ? Je passe devant la loge d'une actrice, lieu qui doit être interdit même aux regards profanes des Petits Maîtres : j'entends une conversation entrecoupée, des cris étouffés par un soupir qui n'étoit point monté sur le ton de la douleur,

1751, 200 livres et au Ier avril 1752, 100 livres. Remerciée au mois de may 1739. Rentrée à Pâques 1740. S'est retirée à Pâques 1741 ; rentrée en 1742, et mise aux rôles à Pâques 1745. En 1756, elle avait 2.400 livres d'appointemens et 400 livres de gratification Mise à la pension en 1757. »

des mots d'une familiarité suspecte, le dirai-je ? enfin, j'entends les termes scandaleux des mystères amoureux. J'approche, téméraire curiosité (hélas ! n'est-elle pas de l'essence de notre sexe ?). La loge entr'ouverte offre un passage trop facile à mes regards ; je les y porte avec timidité, je les en détourne bientôt avec confusion. Quel spectacle effrayant pour la pudeur ! J'ose à peine m'en rappeler la mémoire ; tout ce que je me permettrai de dire, c'est que *la toile étoit levée*, et quoiqu'au bruit de mon passage on s'empressât de la baisser, j'en avois assez vu pour être certaine de la scène qu'on venoit de jouer. Plus troublée que les auteurs mêmes du scandale, je fuis précipitamment. La Demoiselle Coupé fut la première personne qui s'offrit au transport de ma surprise : l'émotion où j'étois excite en elle un désir pressant d'en savoir la cause (I). Mes yeux lui avoient déjà fait la moitié de la confidence, ma langue eut l'imprudence d'achever. En l'état où est cette fille, pouvois-je refuser de satisfaire une *envie* qui paroissoit si forte, et l'affectation du mistère n'eût-il pas tiré à conséquence ? Cette complaisance cependant m'a coûté des regrets mortels,

.1) Mlle Coupée, surnommée *le Petit Amour en brassière*, était une chanteuse de second ordre qui fournit une longue carrière à l'Opéra, Voici ce que le *Manuscrit Amelot* nous apprend sur son compte : « Coupée. — Demoiselle des chœurs. Entrée à l'Opéra en 1738, aux appointemens de 600 livres. Augmentée à Pâques 1746 de 200 livres ; à Pâques 1747 de 400 livres ; à Pâques 1749 de 300 livres ; à Pâques 1750 de 500 livres. Elle fut mise aux rolles en 1745 et à la pension du 1er may 1753. » Cette pension était de 1.500 livres. Mlle Coupée joua quantité de rôles secondaires dans les opéras qui furent représentés durant cette longue période ; quelques-uns de ses rôles les plus importants furent Colette dans *les Amours de Ragonde*, l'Amour dans le *Pygmalion* de Rameau et dans *Titon et l'Aurore* de Mondonville, puis, dans la

et je me la reproche comme une faiblesse. Je conférois
sur la nécessité du secret avec Mademoiselle Cartou,
lorsqu'elle m'apprit que cette aventure étoit déjà
publique à l'Opéra et qu'elle avoit passé les portes.
Voilà les principales circonstances d'un fait que mon
adversaire me force de détailler par les accusations
téméraires d'imposture et de calomnie dont elle me
charge. Voilà ce qu'elle appelle mes *lubriques visions*.
L'épithète ne me surprend pas, elle en a trouvé la
source en elle-même. Avec plus de malignité dans le
cœur et moins de naïveté dans l'esprit, ma relation
eût été plus réfléchie, et j'aurois pu lancer le trait en
me mettant à l'abry des suites. Une fable se débite
dans le monde sans déclarer son auteur, mais on ne
déguise pas sa voix pour raconter une vérité, c'est
précisément le cas où je suis. Qu'il me soit permis
maintenant d'examiner les moyens qu'employe ma
partie pour établir son innocence, la critique n'en
sera ni longue ni difficile.

Je ne sçai ce que prétend la Demoiselle Petit par le
portrait avantageux d'elle-même qui décore le fron-
tispice de son factum. Nouvelle Phryné, veut-elle

pastorale héroïque d'*Ismène*, le personnage principal créé à
Versailles par Madame de Pompadour. Mlle Coupée, pour n'être
pas une des premières actrices de l'Opéra, était une des filles
les plus richement entretenues de la capitale ; elle compta au
nombre de ses amants le duc de Gramont qui lui donna une
maison et des terrains immenses auprès de la barrière de Clichy :
elle en augmenta encore les dépendances par des acquisitions
emphythéotiques que lui consentait le clergé de Montmartre·
Attention à la pointe finale de ce quatrain :

> Charmante nymphe à l'œil finet,
> Mignonne comme une poupée,
> La langue qui ne te louerait
> Mériterait d'être *Coupée*.

séduire ses juges par l'exposition de ses appas ?
Qu'importent à la vérité du fait dont il s'agit *la vivacité
de ses petits yeux* et la laideur qu'elle me prête ?
J'ignorerois le prix de mes faibles appas, si on ne me
l'avoit fait sentir plûs d'une fois par des preuves
moins équivoques que l'encens de son défenseur. Car
je l'avouerai, je n'ai point comme elle de mère si au
fait des grands et des petits yeux ; la mienne n'en a
jamais fait commerce.

Quelle rage apporte la Demoiselle Petit à humilier
ses anciennes compagnes ! Son introduction illégitime
à l'Opéra n'avoit-elle pas assez dégradé notre ordre ?
Pourquoi lui donner de nouvelles atteintes par le
parallèle qu'elle en fait avec celui des Publicains !
Sa comparaison également injurieuse à ces deux
ordres étoit d'autant moins nécessaire qu'elle est fausse
dans le principe. Car premièrement les Publicains
n'ont point la propriété des droits qu'ils exercent et
dont le recouvrement les enrichit, au lieu que nous
faisons valoir nos propres fonds. Secondement, ils
sont comptables des impôts qu'ils lèvent au nom du
Prince, et nous ne rendons compte à personne des
levées que nous faisons sur nos contribuables.

Tels sont néanmoins les plus solides fondemens de
l'apologie de la Demoiselle Petit ; elle prétend qu'on
lui prouve la subornation des deux seuls témoins qui
déposent pour elle, et ces témoins irrécusables sont
la coiffeuse et le tailleur de l'Opéra. Mais ignore-t-on
que ces sortes de gens sont naturellement subornés
par état ? De quel poids la déposition de ces deux
graves personnages peut-elle être contre sept autres
qui viennent à l'appui d'un témoin oculaire ?

La Demoiselle Petit, pour dernière ressource, invoque encore un témoignage qui est récusable de plein droit : c'est celui de son amant devenu, dit-elle, le plus ardent de ses défenseurs. Les moyens de récusation sont trop palpables pour les relever ; s'il n'y a de la connivence, on entrevoit du moins bien de l'indulgence ou de la faiblesse dans ce témoin.

Mais c'est en appelant de la sentence de proscription prononcée contre elle par M. T..., que l'accusée fait connoître encore plus l'évidence et l'énormité du scandale dont elle est auteur. Cet homme *galant* quoique *subordonné* est trop consommé dans la matière qui fait l'espèce de ce procès pour l'avoir condamnée comme il a fait, sans une pleine conviction de son crime. D'ailleurs son zèle pour les bienséances est assez modéré pour qu'on ne puisse pas le soupçonner de lui avoir sacrifié l'innocence.

Dans ces circonstances, Messieurs, puisque le crime de mon adversaire est établi de la manière la plus convainquante et la plus complète, j'ose vous demander à mon tour que les accusations atroces dont elle m'accable retombent sur elle, et qu'un mépris universel l'ensevelisse pour toujours dans une honteuse obscurité.

JACQUET.

Extrait des Registres de la Commission

DE MESSIEURS LES DÉPUTÉS DU PUBLIC

Nous commissaires, Députés et délégués extraordinairement pour juger en dernière instance et définitivement la contestation pendante entre la Demoiselle Petit, d'une part, danseuse de l'Opéra, révoquée pour fait d'indécence et de scandale, et la Demoiselle

Jacquet, d'autre part, accusée par la dite Petit de calomnie et d'imposture, etc.; après avoir examiné les écritures et productions des parties, notamment le factum en forme de plainte signifié par la Demoiselle Petit, la première réponse au dit factum publié sous le nom de la Demoiselle Jacquet et non signé d'elle, et la seconde réponse de la dite Jacquet, intitulée : *Véritable Réponse*, etc., les dites pièces mises sur le bureau et lecture faite d'icelles ; ouï les conclusions de Mᵉ Pancrace, Procureur Général de la Commission tendante à ce que attendu l'obscurité du cas des parties, dans lequel il auroit confessé ne voir goutte malgré ses lunettes, elles fussent renvoyées à cent ans au désir d'une pareille disposition faite par l'aréopage dans le même cas : tout vû et considéré, nous avons mis et mettons les parties hors de Cour et de procès, dépens compensés ; ce faisant, leur faisons défense d'écrire ni produire dans la suite aucuns factums, mémoires, défenses, répliques ou tripliques l'une contre l'autre, à peine de n'être point lus. Ordonnons en conséquence que les accusations respectives d'indécence et de calomnie seront nulles et comme non avenues, toutes choses demeurantes en état, défendons en outre de parler des dites parties en bien ni en mal, sauf à les siffler si le cas y échoit. Si mandons, etc... Donné au Magazin de l'Opéra, en la Chambre de la Commission le premier jour de l'Equinox et le 29ᵉ de la Lune.

Pour la Chambre. *Signé :* Bridoye.

Mademoiselle Cartou, dont le nom revient plus d'une fois dans ces pièces, occupait un rang peu élevé dans la hiérarchie de l'Opéra. Mademoiselle Cartou, ou Carton, tête folle et main leste, à la langue aiguisée, accomplit toute sa carrière théâtrale dans les chœurs chantants, sans même arriver à doubler les solistes, et quand elle se retira au courant de 1751, elle n'obtint qu'une modique pension de 400 livres. Il est vrai d'ajouter qu'elle n'avait guère besoin de ce secours pécuniaire, car elle avait pu amasser une très belle fortune au temps de sa prospérité. Elle avait acquis une véritable célébrité par ses exploits amoureux, elle tenait le haut du pavé parmi les filles à la mode et les admirateurs de sa beauté l'avaient surnommée la Rhodope moderne, bien qu'elle n'eût jamais employé ses grandes richesses à faire construire la moindre pyramide. La réponse si digne et si sage qu'on lui prête au sujet de Mademoiselle Petit : « Taisons ce scandale, pour ne pas nous déconsidérer toutes », est la parole d'une personne réfléchie, ayant souci de la dignité de tout son corps de métier et qui était toute disposée à respecter les franchises des autres pourvu qu'on respectât les siennes. Elle avait d'ailleurs beaucoup d'esprit naturel. Un jour que Rameau, alors âgé de soixante-dix-huit ans, se plaignait amèrement de l'échec de son dernier opéra, *les Paladins :* « On n'a pas eu le temps de goûter la musique ni de l'apprécier, disait-il ; la poire n'est pas encore mûre. — Elle est pourtant tombée », riposta la Cartou. Et comme elle-même venait de conclure avec un financier, fils de Lenoir de Cindré, fermier général intéressé dans les vivres de l'armée d'Allemagne : « Je me suis jetée dans les vivres, disait-elle, mais je lui ferai manger bien des rations. » Oui, certes, elle avait de l'esprit, elle en avait même plus que ceux qui, faisant métier d'en avoir, lui décochaient un jour ce logogriphe en guise d'étrenne lyrique :

> Un petit minois fait au tour,
> Un œil vif et noir qui nous touche
> Font que j'aime en habit d'amour
> Les deux tiers de défunt Cartouche (1).

(1) *Etrennes logogriphes du Théâtre et du Parnasse*, à Sipra, 1744. — Voici en quels termes Grimm, à la date du 15 mai 1770, annoncera le double trépas de la Camargo et de la Cartou : « La mort vient de nous enlever deux vierges émérites de l'Académie royale de musique, vulgairement dite Opéra. Elles étaient mortes au théâtre depuis longtemps, et leur honorable vieillesse se soutenait des fruits des travaux de leur jeunesse. Les noms de Camargo et de Cartou seront éternellement célèbres dans les fastes de l'Opéra. Mademoiselle Camargo, sœur de Cupis, violon, connue dans les coulisses par mille aventures brillantes, s'est immortalisée au théâtre comme fondatrice de cette danse à cabrioles que mademoiselle Allard a portée de nos jours à ce haut point de perfection et de gloire..... Quant à Cartou, elle a vieilli dans l'emploi obscur de chanteuse de chœurs ; mais elle s'était fait un nom par ses aventures amoureuses et ses bons mots. C'était une fille, mais de bonne compagnie pour les hommes,

Melle PELISSIER

Lettre de Mademoiselle Cartou

A MONSIEUR...... AU SUJET DE MADEMOIELLE PETIT

MONSIEUR,

Personne n'a été plus touché que moi de la disgrâce de Mademoiselle Petit, quoique je ne me fusse pas déterminée aisément à demander pour elle la pension que quelques plaisans prétendent qu'elle a méritée par l'endroit même qui a causé son exclusion ; j'aurois voulu la voir encore quelque tems dans le noviciat, en attendant qu'elle eût marqué sa vraie vocation. Je ne la jugeois ni en bien ni en mal sur le rapport que l'on a fait d'elle ; le fait que l'on lui oppose est-il vrai ou ne l'est-il pas ? il est de nature à ne pouvoir guère être vérifié.

Que dirons-nous aussi de la prétendue dénonciatrice ? Mlle Jacquet a-t-elle manqué à Mademoiselle Petit par mauvais cœur ? A-t-elle péché seulement par indiscrétion ? Si on voulait s'entendre, on seroit toujours d'accord. Soit indulgence, soit équité, je suis assez portée à croire que les apparences ont trompé les yeux. Mademoiselle Petit se sera échapée à quel-

---

distinguée par son esprit et ses saillies. Elle comptait l'illustre comte de Saxe parmi ses conquêtes. Elle le suivit au fameux camp de Muhlberg en Saxe, en 1730, où elle eut la gloire de souper avec les deux rois, Auguste II de Pologne et Frédéric-Guillaume de Prusse, et les princes leurs fils et leurs successeurs au trône dont l'un (Frédéric II) a un peu fait parler de lui depuis. Après cette brillante aventure, Cartou n'en revint pas moins en France brailler sur le théâtre de l'Opéra comme auparavant. Elle s'est retirée du théâtre et du monde presque en même temps que Camargo. »

ques familiarités, qui peut-être encore lui auront été arrachées ; sur le champ, la voilà jugée coupable ; Mademoiselle Jacquet aura ri, sur le champ la voilà jugée dénonciatrice.

Sommes-nous ici à une scène d'opéra ? La discorde veut-elle secouer ses flambeaux ? Aurions-nous oublié ce qu'on nous a dit dans notre enfance sur les vertus morales et chrétiennes ? Non, je ne croirai point le mal qu'il ne soit prouvé. D'un autre côté je ne puis croire que ceux qui nous dirigent aient eu tort d'expulser Mademoiselle Petit. Le bruit s'est répandu, la renommée a enflé sa trompette. Il fallait donner un exemple, tant pis pour celle sur qui la peine est tombée.

Puisqu'on nous passe une vie aisée et affranchie des préjugés établis par le monde dévôt, on nous asservit du moins à une autre sorte de préjugés établis parmi le monde poli. Le crime de Vénus surprise avec Mars ne fut pas tant d'avoir écouté son amant que d'avoir blessé les yeux des divinités qui, ne prenant pas de part à ses plaisirs, n'avoient plus d'autre parti à prendre que de les condamner.

Je sçai le métier, je l'ai appris, j'avois de bonnes dispositions, j'ai écouté les grands maîtres. Nous avons des décences à observer qui valent bien la sagesse forcée des personnes retirées du monde, à qui le défaut de vocation pour le monde tient lieu de vocation pour la retraite. On nous pardonne d'inspirer le plaisir : et pourquoi sommes-nous faites ? réussirions-nous sans cela ? Mais gardons-nous de tenir tout ce que nos yeux promettent. Permettons-leur tout le feu de la vivacité, et retenons encore la pudeur dans le reste de notre maintien ; gardons-la pour faire des capitulations honnêtes, par elle nous tenons encore à la vertu, ou nous rendons le plaisir plus cher.

Dans le fait, Mademoiselle Petit a pu allumer le bûcher, mais elle n'a pas dû consommer le sacrifice, et puisqu'elle ne l'a point dû, elle ne l'a point fait. Mais elle a été répudiée comme la femme de César, pour avoir été soupçonnée. Son défenseur, sçavant dans l'histoire, l'a comparée à l'Impératrice, et dans ce point seul j'approuve le plaidoyer.

Mademoiselle Jacquet a eu grand tort de rire aussi haut et aussi ouvertement qu'elle a fait. Son imprudence pourrait lui attirer le sort de celui des enfants de Noé qui insulta son père dans son yvresse. Car enfin le fait est vrai ou il ne l'est pas ; s'il est faux, pourquoi donner mal à propos une scène au public, qui assemblé ne peut pas souffrir les détachemens particuliers, et à qui nous sommes comptables de tous les plaisirs que nous pouvons donner. Et si le fait est vrai, ne convenait-il pas de jetter un voile sur les acteurs, qui n'auroit laissé aux yeux des assistans que des soupçons toujours agréables.

Je pourrois m'en plaindre au public lui-même, qui, dans les choses qui nous intéressent, aime mieux rire que d'aprofondir la vérité. S'il vouloit n'être pas si sûr de son jugement, peut-être auroit-il le plaisir de revoir danser Mademoiselle Petit, après avoir entendu chanter Mademoiselle Jacquet. C'est pour l'amour de lui qu'on nous agrée. Que ne nous tient-il compte de toutes nos agaceries, de tous nos mouvemens ? Toutes nos actrices n'ont pas autant de goût pour le plaisir que j'en puis avoir, mais celles à qui la nature n'a donné qu'un caractère triste, doivent se monter sur un ton de gaité. Cela mérite, à ce que je crois, que l'on leur passe les préludes. Quelquefois on s'échauffe dans les coulisses pour paraître plus animé sur la scène.

Nous ne sommes pas si indifférentes au public que l'a dit froidement le défenseur de Mademoiselle Jacquet. Lorsque nous savons faire valoir le talent, nous ne donnons pas un coup d'œil, pas un coup d'éventail qui porte à faux. Un tour de pannier découvre la jambe, une politesse à un de nos amans anime notre physionomie, tous nos mouvements doivent avoir leurs grâces et provoquer les regards. De plus, voyés le tableau des chœurs, des yeux vifs, des yeux mourans, de l'embonpoint, des tailles déliées, des mots jettés, des airs de s'entendre, de se rappeler ou de se promettre les plaisirs. Voilà ce qui occupe le public, encore plus qu'un récitatif souvent insipide, ou que des paroles maussades et mal arrangées.

Je suis, etc...

Quelle judicieuse discussion des faits, quelle sereine indulgence aux écarts d'autrui pourvu qu'ils produisent seulement un scandale de bon goût et ne tournent pas au déshonneur de la corporation! Vraiment Mademoiselle Cartou aurait pu prétendre — et ceux qui la faisaient parler ainsi le savaient bien — au titre d'arbitre juré pour toutes les contestations amoureuses qui s'élevaient à l'Opéra, tant elle avait étudié le Code de la galanterie et s'était pénétrée des devoirs et surtout des droits de sa profession. Précisément vers cette époque, elle eut à se prononcer sur une affaire assez délicate, où était engagée la demoiselle d'Azincourt, une danseuse fort recherchée, et elle rendit au profit de sa camarade un arrêt qui mit toute la ville en gaîté. L'aventure était vraie, car Barbier la raconte sans ambages, et si le jugement ne l'était pas — mais peut-être l'était-il — il était au moins vraisemblable. En tout cas, le seul fait d'attribuer à Mademoiselle Cartou plutôt qu'à d'autres une décision très judicieuse et formulée en ces excellents termes est un hommage rendu à son entente exceptionnelle des affaires et à son vif esprit naturel (1) :

(1) « Il faut un peu parler des bons mots qui courent dans la ville. Un étranger fait marché d'une somme pour le p....... d'une fille d'Opéra, ce qui est un peu équivoque. Il a payé et couché avec elle, mais il n'a pas trouvé à cette jeune fille ce qu'on lui avait promis ; il a compté, sur la bonne foi des conventions, que cela changeait le marché et qu'il fallait lui rendre une bonne partie de sa somme. Sur cette contestation, les parties s'en sont rapportées à la décision de Mlle Cartou, ancienne actrice, chanteuse de l'Opéra. Après avoir entendu les faits, elle a décidé que l'homme ne savait pas lire apparemment, et qu'il devait savoir que quand la toile est levée on ne rend plus l'argent. Il est d'usage à l'Opéra de rendre l'argent à ceux qui sortent pendant tout le prologue, jusqu'au commencement du premier acte. Bien des jeunes gens viennent se montrer au spectacle, entendent le prologue, en partie ou en entier, et sortent ensuite. On joue présentement *Amadis de Gaule* où il y a toujours un très grand monde, et on a affiché sur l'escalier qu'on ne rendrait point l'argent la toile levée et l'opéra commencé. La réponse de Cartou est extrêmement jolie sur l'allusion de la chemise de la fille avec la toile de l'Opéra. » (*Journal de Barbier*, décembre 1740.)

Damon, jeune étranger, lorgnoit
Depuis longtemps un pucelage
Qu'à Dazincourt il supposoit,
Dont elle n'avoit que la cage.
Tendres soupirs et doux langage
Etoient le prix qu'il en offroit.
La fillette point ne vouloit
Recevoir espèces pareilles,
Et n'ouvrit enfin les oreilles
Qu'au son de trente bons louis :
Diamans furent de la fête.
Je crois que pour telle Laïs
Le présent n'est pas malhonnête.
Quelqu'un peut-être s'écriera
Que c'est marchandise un peu chère
Et qu'on vend moins, pour l'ordinaire,
Un pucelage d'Opéra.
Quoiqu'ou en dise, notre dupe
Donna louis et diamans ;
Mais quel fut son étonnement,
Après qu'ayant levé la jupe,
Du pucelage prétendu
Il trouva le chemin battu !
Il comprit lors qu'une danseuse
Ne pouvoit s'élever bien haut,
Que cette fleur si précieuse
N'eût avant elle fait le saut.
Il voulut se mettre en furie
Et chanter la palinodie,
Redemander ses diamans.
Mais notre homme y perdit son temps.
La Dazincourt avoit bonne mémoire,
Et de Manon sachant l'histoire,

Sut mettre l'exemple à profit,

Et quelque tapage qu'il fit,

Jamais à rendre n'entendit.

Elle fut trouver la Cartou,

Enfant de l'esprit et du goût

Célèbre en ses galanteries,

Plus encore par mille saillies,

Lui demanda son sentiment

Ce qu'elle devoit dire et faire

Pour dérober ce précieux salaire

Aux poursuites de son amant.

La Cartou répondit, en actrice achevée :

Ton amant n'est qu'un sot, lorsque tu le verras,

Dis-lui qu'il aille à l'Opéra,

Que sur la porte il y lira :

L'on ne rend point l'argent quand la toile est levée (1).

Mademoiselle Dazincourt garda bijoux et diamants, dont elle put constituer une dot pour le gracieux poupon qu'elle eut peu de temps après cette discussion tandis que Mademoiselle Petit

(1) Voir les renseignements que nous donne le *Manuscrit Amelot* sur la Dazincourt et sur la Cartou : « *Dazincourt.* — Danseuse figurante. Entrée à l'Opéra en 1740 aux appointements de 400 liv., s'est retirée en septembre 1743. Décédée (avant 1758). » — « *Cartou.* — Demoiselle des chœurs. Entrée à l'Opéra en 1740, aux appointements de 500 livres. Augmentée de 100 livres à Pâques 1740, à Pâques 1746 de 100 livres, et au 1er octobre 1749 de 100 livres. A quitté au mois de mars 1736 et est rentrée au mois de mars 1737. Mise à la pension le 1er avril 1753. » Ce dernier renseignement est erroné : c'est à Pâques 1751 que Mlle Cartou cessa de chanter; elle était alors à son maximum de traitement, 800 livres, et sa retraite fut fixée à 400. (*État général des acteurs et actrices du chant, . et leurs appointements, gratifications et pensions au 1er avril* 1750).

fut mise à la porte de l'Opéra. Tant il est vrai qu'il n'est qu'heur et malheur en ce monde. La pauvre exilée paya, dans cette circonstance, pour toutes les fredaines passées et futures de ses camarades : l'administration de l'Opéra voulait peut-être faire un exemple afin de ramener un semblant de tenue dans la cohorte chantante et dansante et si ses foudres tombèrent sur Mademoiselle Petit, ce n'était pas qu'elle fût plus coupable qu'une autre : c'était probablement qu'elle avait de moins puissants protecteurs. Cet accès de sévérité n'aboutit du reste à rien et n'arrêta nullement les ébats des demoiselles qu'on prétendait réfréner : à quelque temps de là, une autre fille des chœurs, du nom de Minot, fut surprise en conversation très intime avec le comte d'Espinoy, mais le vent avait déjà tourné et nul ne proposa de lui infliger la plus légère punition.

Le temps se passait de la sorte en aimables plaisanteries, mais l'actrice réprouvée restait toujours à la porte de l'Opéra sans que ses démarches et ses promesses de garder plus de retenue à l'avenir pussent faire lever l'arrêt de proscription.

ARREST DU CONSEIL D'ÉTAT DE MOMUS

Qui déclare nul le jugement rendu par les Commissaires Députez du Public, sur l'affaire de la Demoiselle Petit, danseuse de l'Opéra.

EXTRAIT DU REGISTRE DU CONSEIL

MOMUS, en conséquence de l'arrêt de renvoi rendu par Apollon, s'étant fait représenter dans son Conseil *le Factum de la Demoiselle Petit et les Réponses de la Demoiselle Jacquet, avec le jugement de Messieurs les Commissaires Députés du Public,* SA DIVINITÉ auroit pensé que quelqu'étenduc que soit la juridiction du public sur les actrices de l'Opéra, puisqu'il est en quelque façon le maître de leurs destinées, il est cependant des événements burlesques dont elle s'est réservé, par préciput, la connaissance.

L'avanture de la Demoiselle Petit, son exil de l'Opéra, sa plaintive élégie sont marqués de traits si calotins qu'il est étonnant que le Public ait entrepris d'en connoître et de juger des questions toutes comiques qui sont dévolues, par leur nature, à un tribunal moins sérieux que le sien.

C'est pourquoi SA DIVINITÉ, pour venger les droits de son autorité usurpée et des talens enviez et oprimez, auroit jugé à propos d'expliquer promtement ses intentions.

En éfet, SA DIVINITÉ laissera-t-elle plus longtemps la Demoiselle Petit toute couverte encore des lauriers de son champion, en proïe à l'humeur hypocrite de ses persécuteurs ? Gémira-t-elle dans un état subalterne et ne sera-t-elle traitée comme criminelle par ses compagnes que parce qu'elle l'est peut-être avec moins d'art et moins de réflexion ?

Cette professe de Cythère, lorsqu'elle est entrée à l'Opéra, n'étoit point, il est vrai, de ces filles novices qui ont encore toute leur écorce. Elevée par une mère habile, qui, avec le lait, avoit fait couler dans ses veines l'apétit de la volupté, elle avoit apris de bonne heure à donner et recevoir l'amour. Fidèle à sa vocation, elle avoit eû soin d'ofrir à ce Dieu les prémices de ses apas, avant même qu'elle fût en état de lui faire le sacrifice de sa raison. Pourroit-on lui reprocher d'être parjure quand, avec une ancienne (Quartilla, chez Pétronne) elle diroit : *Junonem meam iratam habeam, si unquàm me meminerim virginem fuisse ?*

Mais dans cette aurore de plaisirs où l'on donne tout à la nature et rien à l'artifice, elle ignorait l'art de feindre. Trop vive pour être mesurée dans ses désirs, trop voluptueuse pour être coquette, elle ignoroit les recettes et les rafinements de la galanterie du siècle. Quel est son crime ? Quelle est la cause de son exil ? Elle s'est livrée, sans réserve, à un penchant séduisant lorsqu'elle ne devoit mettre en usage que des minauderies étudiées et des impostures délicates qui, en ménageant les plaisirs, les font acheter à plus grands frais.

Mais ne seroit-elle pas toujours graciable ? Et qu'a-t-elle fait trop autentiquement qu'on n'enseigne aussi publiquement dans cette Académie de volupté dont elle étoit membre ? Elle s'est abandonnée, dans les coulisses, au feu d'une passion qu'on alume sur le théâtre ; elle s'est enivrée de plaisirs dans un lieu où tous les sens, à l'envi, sont plongés dans la plus douce ivresse. Elle s'est immolée à l'amour sur un autel qui lui est consacré. Est-elle la première actrice qui ait égaïé les entr'actes par de luxurieux ébats ? Ces *essaims* de divinitez, qui figurent sur la scène, ne sont-ils pas, dans les intermèdes, la proie de ces corsaires, qui, sans violence, en exigent de voluptueuses contributions ? Militaires, robins, abez, financiers, sont tous reçus, sans distinction, dans ces foïers enchanteurs, où ces Vestales aprivoisées n'entretiennent le feu que pour embrazer avidement les cœurs de ceux qui osent en aprocher. Là se font ces *marchez lubriques* et ces *enchères galantes*, où la finance a toujours l'avantage sur le mérite. Là ces bacchantes enflamées se préparent à leurs orgies par des essais de volupté et par mille plaisirs provisoires.

Qui ne connoît pas cet arsenal curieux, où ces *Cupidons amphibies* vont forger leurs traits et cette école d'idolâtrie où Priape est adoré sous toutes les formes que la lubricité la plus exquise peut inspirer ? Pensera-t-on jamais que la Demoiselle Petit ait pu être valablement jugée criminelle de *lèze-publicité* par des filles instruites comme elle dans une école aussi lascive ? Nouvelles *Lucrèces*, les actrices pensent-elles que leurs loges, qui, par leur institution, sont autant de grotes consacrées aux mistères de Cythère, ne doivent plus être aujourd'hui que les *aziles de la pudeur, interdits aux regards profanes des petits maîtres ?* Ce phénomène inouï, cette métamorphose si subite scroient-ils l'ouvrage de cet *automate mélodieux* (la Lemaure), mais trop renchéri, qui, par un reste de ces célestes leçons, si utilement pour elle abandonnées, auroit frondé, sans pitié, une indiscrétion un peu trop emportée et prêché la réforme ?

Que notre bien-aimée Cartou, qui, dans le corps le plus lascif, possède l'esprit le plus saillant, connoissoit bien mieux les prérogatives de son état ! Persuadée que l'Opéra est un lieu de franchise où tout est permis à la nature, elle fut d'avis qu'on accordât à la Demoiselle Petit un pardon plénier de sa lubricité. L'indulgente Cartou savoit combien de fois on lui avoit fait grâce sur les transports de la sienne. On excuse facilement dans les autres ce que nous souhaitons qu'on excuse en nous.

La lettre apologétique qu'on lui prête sur l'utilité des bienséances et sur les vertus politiques des actrices est aussi peu conforme à son caractère qu'elle fait peu d'honneur à son esprit. L'eût-elle produite, elle auroit sacrifié plus d'une fois de puñiques égards à l'ingénieuse folie de son imagination.

Mais ce goût, tout décidé qu'il est pour les plaisirs, ne l'auroit pas portée à cette témérité dont la Demoiselle Petit a osé se rendre coupable dans sa disgrâce. Comme elle, auroit-elle exhalé le chagrin de son exil aux dépens de ces Publicains augustes, qui sont les COLONNES DES ETATS !

Comme le parallèle critique qu'elle en a fait peut passer pour un coup de pinceau que le désespoir lui a arraché et que l'Opéra, de son côté, a dérogé à son institut en l'exilant d'une Compagnie dont elle ne peut qu'augmenter le lustre par ses talens naturels et aquis, SA DIVINITÉ CALOTINE a cru qu'il étoit nécessaire d'y pourvoir pour ne pas laisser subsister un jugement si rigoureux, rendu contre elle, sans aucun pouvoir dans la matière dont il s'agit. Ouï le rapport de son très cher et ami chancelier Panurge, et tout considéré, MOMUS, étant en son Conseil, environné de tous les Grands Croix de la Calote, a cassé et annulé le jugement incompétemment rendu par les Commissaires Députés du Public au sujet de l'affaire de la Demoiselle Petit, voulant qu'il soit regardé comme nul et non avenu ; en conséquence, faisant droit sur le tout, déclare nul et abusif le décret d'exil aussi incompétemment décerné contre la Demoiselle Petit, comme étant contraire aux libertés p.....oises de l'Opéra et attentatoire à l'autorité de SA DIVINITÉ. Fait défense à tous directeurs de l'Opéra, de quelque qualité et condition qu'ils puissent être, d'en décerner de semblables, sauf à eux à faire leur représentation à SA DIVINITÉ, dans le cas où ils pourront avoir un juste sujet de croire que la police de l'Opéra les y oblige pour le maintien des règles dont l'exécution leur est confiée. Ordonne que la Demoiselle Petit soit réintégrée dans toutes ses fonctions à l'Opéra, soit sur le théâtre, soit dans les coulisses, soit dans les foïers, loges et partout ailleurs où besoin sera, avec tous les honneurs, prérogatives et licences dues à sa capacité. Enjoint à la Demoiselle Jacquet de voir, avec plus de discrétion et moins de scrupules, les *assauts amoureux* dont elle pourroit être témoin par la suite. Et faisant droit sur la demande en réparation des Publicains, déclare le parallèle inséré dans le factum de la Demoiselle Petit *injurieux et faux dans son principe*. Ordonne que, conformément à l'arrêt rendu par Apollon, le factum et les réponses seront supprimez. Fait défense à tous libraires, colporteurs et autres d'en débiter aucun exemplaire, s'il n'est visé et paraphé par l'approbateur ordinaire du régiment de la Calote ; et pour l'avoir fait sans permission, les condamne de faire imprimer, à leurs frais, tous les manuscrits qui leur seront présentez sous le titre de *Mémoires pour servir à l'histoire générale et particulière des actrices de l'Opéra.* Et attendu les remontrances faites à SA DIVINITÉ par un de ses officiers calotins pour la Demoiselle Petit, sur ce qu'on refusera peut-être de la faire remonter sur le théâtre, ce qui conséquemment retardera l'exécution du présent arrêt, ordonne qu'en atendant et pour lui tenir lieu de pension alimentaire, il sera permis à la Demoiselle Petit d'user dans Paris des mêmes droits, prérogatives et licences qu'elle a tant fait valoir dans sa loge, où elle a donné si souvent *des preuves de sa suffisance* ; lui enjoint d'être plus circonspecte dans ses écrits ; surtout à l'égard de ceux qu'elle a osé mettre en parallèle avec elle-même, de parler d'eux avec une certaine vénération, d'encenser leurs fortunes et leurs défauts et de les trester avec toute *l'humanité* qui leur est due ; Sauf à la Demoiselle Petit et à tous autres d'en penser intérieurement ce que bon leur semblera, attendu que SA DIVINITÉ n'entend point captiver les pensées ni les consciences.

Fait au Conseil d'Etat, SA DIVINITÉ y étant, tenu dans un des coins du foïer de la Comédie,

Le même jour que l'on vit au théâtre
Paroître avec éclat *Antoine et Cléopâtre* (1)
Et que Melpomène en secret
De cet auteur que tout Paris admire

(1) Cette indication équivaut à une date précise pour la publication de ce factum, car *Antoine et Cléopâtre*, tragédie de M. Boital, fut représentée à la Comédie-Française le lundi 6 novembre 1741.

> Refusa de jouer *Palmire* (1),
> Lequel refus mérite le brevet
> Qui sera délivré pour elle
> Le même jour qu'une actrice nouvelle
> Au théâtre de l'Opéra
> Avec succès débutera.

Et sera le présent arrêt scellé de cire de gris de lin et de notre sceau comique. *Signé* MOMUS. Et plus bas, Discret.

Demande au public en réparation d'honneur

CONTRE

MADEMOISELLE PETIT

PAR

MESSIEURS LES FERMIERS GÉNÉRAUX

Messieurs,

N'est-il pas honteux pour l'Etat que des gens tels que nous soient exposés à répondre aux impertinences d'une actrice de l'Opéra et à vous demander justice ? Sçachant la façon dont vous pensez pour nous, nous ne doutons pas que vous ne nous la rendrez ; car, sans cela, l'on pourroit donc impunément parler même des rois, et personne ne pourroit être à l'abri de ces langues de serpent qui enveniment les choses les plus sacrées, et qui ne ménageant ni les places, ni ceux qui

---

(1) Une note de la brochure originale dit que *Palmire* est une tragédie de La Chaussée. Comme il n'existe aucune pièce portant ce titre dans ses *Œuvres complètes* (1762), il est à croire que cette tragédie, refusée à la Comédie-Française, n'aura même pas été jugée digne de figurer dans le recueil des œuvres de La Chaussée.

les occupent, osent faire part au public de tout ce que la plus noire médisance peut avoir dicté. Pour y mettre ordre, Messieurs, punissez cette petite actrice, qui a l'impertinence de se mettre en parallèle avec les soutiens de l'Etat ; car, malgré notre modestie, nous pouvons dire que c'est nous qui en sommes les colonnes, colonnes d'autant plus fortes que le cœur en est de diamant et les ornemens d'or. Quel parallèle peut-il donc y avoir entre des gens comme nous et des malheureuses danseuses ? Car à quoi servent-elles ? et à quoi ne servons-nous pas ? Elles sont toujours inutiles à leurs parens, et nous ne laissons aucun des nôtres sans emploi.

Cent seigneurs peuvent à peine faire leur fortune, et nous pouvons la faire à toute la Cour. Au bout de vingt ans elles ne sont pas plus riches, et nous sommes, au bout d'un bail, en état de soutenir une longue guerre. Comme misérables, elles compatissent à la misère des autres ; comme opulens, nous ne pouvons penser à l'indigence. Comme filles, elles ont le cœur tendre ; comme fermier général, nous l'avons endurci. Quelle ressemblance y a-t-il donc, Messieurs, entre nous pour se mettre en parallèle ; nous osons même dire plus, pour pouvoir nous comparer à des mortels ? En est-il quelqu'un qui soit plus utile à l'Etat et ne gémiriez-vous pas si par dépit nous cessions de l'être ? Mais non, ne craignez pas, notre bonté veut bien encore lui faire grâce ; que deviendrait-il, cet Etat dont nous sommes les pères ? Vous le verriez bientôt, Messieurs, tel que l'Empire romain dans sa décadence, périr par la même voye ; car nous ne doutons pas que vous ne sçachiez que Jules César, surnommé *Julius César*, qui vivoit la six-cent-cinquante-quatrième Olympiade avant

le commencement de la Monarchie Françoise à Paris,
ayant fait pendre six de ces soutiens de la République,
les autres prirent parti pour leurs associés, et par
leur retraite entraînèrent la perte du plus florissant
empire. Profitez donc de cet exemple et ne regardez
point cette affaire comme une bagatelle, elle est plus
importante que vous ne pensez. Songez que si vous ne
rendez pas la justice qui est dûe à des gens tels que
nous, nous avons des troupes qui sont en état de vous
en punir en ravageant vos terres, entrant de force dans
vos châteaux, faisant assommer vos valets, en mettant
en contribution tous vos paysans, en vous attaquant
en justice et en vous faisant payer l'amende ; car tel est
notre pouvoir. Vous en avez des exemples, c'est à vous
d'y penser.

M⁰ GABEL, *avoc.*   PILLARDIN, *Proc. occupant.*

Diximus :

Donné dans notre Palais, ce 4 Janvier 1741. Et avons
tous signés la minutte (1).

Mademoiselle Petit, encore et toujours Mademoiselle Petit. On n'entendait parler que d'elle
dans toute la ville ; mais un tel tapage ne devait

(1) Ces pamphlets obtenaient un tel succès qu'en 1741 on eut
idée de réunir en brochure les cinq pièces parues jusqu'à ce jour
pour et contre Mlle Petit : la cinquième et dernière était cette
requête des fermiers généraux. Ce recueil est publié : *A Cythère,
de l'imprimerie de Vénus, avec approbation des Vestales de l'Opéra* : sur
le titre est figuré un porc-épic avec cette devise qu'il tient par les
dents : *Noli me tangere.* Allusion mensongère au caractère sauvage
de la pécheresse.

pas lui déplaire qui la rendait célèbre et faisait estimer ses faveurs à plus haut prix. Aussi Meusnier de Querlon n'a-t-il garde de l'oublier dans son *Code lyrique :*

XXX. — Le respect dû au théâtre et la sévérité des exemples ci-devant faits pour contenir, au moins en public, l'incontinence des actrices n'étant pas un frein suffisant contre la fougue et la témérité d'une imprudente jeunesse, et vû la haute réputation d'innocence, intégrité, prud'hommie dans laquelle est le sieur D... de C..., l'avons commis et constitué comme nous le commettons et constituons par ces présentes inspecteur des loges, coulisses, foyers, trapes et autres lieux secrets propres à renouveler ces scènes irrégulières dont l'invention est attribuée à la Demoiselle Petit, à l'effet par lui d'observer tous les déportemens des actrices, éclairer leurs moindres démarches, écarter tous les fureteurs entreprenans qui pourroient les faire tomber dans quelqu'indécence et pratiquer généralement tout ce qui concerne les fonctions d'un surveillant incorruptible et zélé (1).

(1) Ce gardien d'un nouveau genre n'était autre que Doublet de Persan, lequel répondait dans l'intimité au surnom de Chicot ; d'où ces deux initiales : D... de C... sous lesquelles Meusnier de Querlon le désigne. Quant à la raison qui lui faisait attribuer ce poste de confiance, elle est exposée par l'auteur lui-même à la fin de son pamphlet : « L'emploi accordé par l'article à XXX à M. D... de C... ne pouvait être plus dignement rempli. On en va juger par un trait qui prouve bien son incorruptibilité. M. D... de C..., après avoir longtemps marchandé les faveurs de Mlle de la C... (Chapelle), fille de condition née sans bien, conclut le marché à 100 louis qui furent comptez d'avance à la belle. Comme elle étoit résolue de gagner loialement son argent, on assure qu'elle se

Et ne voilà-t-il pas qu'un beau jour, comme si ce n'était pas assez de la prose pour tympaniser nos filles d'Opéra, une chanson court les ruelles et les coulisses qui se chantait sur l'air bien connu : *La Marmotte a mal au pied* :

Vous qui croyez que la Petit
Fit ce que l'on rapporte
Si vous avez lu son écrit,
Vous saurez ce qu'il porte ;
Il porte la, il porte la
Il porte la marmotte.

Préliminaire à ce jeu-là
Signifie la magnote,
Il est injuste pour cela
De la mettre à la porte.
Toutes font la, toutes font la
Toutes font la marmotte.

donna pendant toute une nuit des peines incroiables pour arracher du robin quelques signes de vie et qu'elle n'en tira que de méchantés excuses telles qu'un faux brave ne manque jamais d'en alléguer en pareil cas. Cependant, comme il regrettait sa dépense il crut le lendemain être autorisé par le mauvais succès de son entreprise à se faire restituer les cent louis. Il hasarda la proposition, mais on lui répondit qu'après avoir fait humainement tout ce qu'on avait pu pour le mettre à portée de se satisfaire, on n'avoit rien à se reprocher et qu'au surplus il étoit maître de venir, quand bon lui sembleroit, prendre sa revanche au même prix. On n'a point appris que M. D... ait encore osé tenter l'aventure, et l'héroïne de l'épreuve, qui est fort aimable, publie hautement qu'on pourroit lui confier la garde du sérail. » (*Le Code lyrique*, p. 91 et 92.)

Jacquet, Dardant contre Petit
Comme nous la dénotent,
Toutes deux même chose ont dit,
Mais toutes deux radotent ;
Elle ne fit, elle ne fit,
Elle ne fit que la marmotte.

Le témoignage de Dardant
N'est pas ce qui m'importe ;
Quand ce serait le père Adam,
Que le diable m'emporte.
Je ne fis que, je ne fis que
Je ne fis que la marmotte.

Toutes deux en pareil cas
Exercent la magnote,
Du théâtre on ne chasse pas
Pour un fait de la sorte,
On aime la, on aime la
On aime la marmotte.

Quand nous entrons à l'Opéra,
Notre vue la plus forte
Est de compter sur ces gens-là,
Et non sur la gavotte ;
Qui ne veut la, qui ne veut la
Qui ne veut la marmotte ?

Jacquet laisse théâtre là
Et montre la marmotte,
Ta figure n'est que pour cela
Et pour porter la hotte ;
Laiss' faire la, laiss' faire la
Laiss' faire la marmotte.

> Soit jalousie ou désespoir,
>   Jacquet est une sotte,
> Quelque jour, pour pareil espoir,
>   Aux laquais de la porte
>   Ell' fera la, ell' fera la
>   Ell' fera la marmotte.

Mademoiselle Petit ne put rentrer à l'Opéra qu'après un changement de direction. En mars 1744, le capitaine de Thuret, qui n'avait pas mieux fait ses affaires, ni celles de l'Opéra, que la plupart de ses prédécesseurs, céda la place à un ancien receveur général des finances dans le Dauphiné, François Berger, qui ne devait pas, d'ailleurs, mieux réussir et qui se ruina en moins de quatre ans tout en augmentant les dettes du théâtre de plus de 400.000 livres. C'est après les vacances de Pâques 1746 que Mademoiselle Petit effectua sa rentrée à l'Opéra : son exil avait duré cinq ans pleins et le bruit était depuis long-temps calmé autour de son aventure, mais sa réapparition sur la scène réveilla la verve des amateurs qui célébrèrent son retour par deux pièces de haut goût.

LETTRE DE MADEMOISELLE PETIT

Nouvellement rentrée à l'Opéra de Paris

A MADEMOISELLE DUMAS, *danseuse de l'Opéra
de Lyon.*

Je suis enfin rentrée à l'Opéra, ma chère amie, et je vais te faire l'histoire de ce grand événement.

J'étois, il y a quelque temps, à la Comédie Italienne, et le hazard m'avoit placée dans une loge à côté d'un financier très opulent. Je le connoissois de vûe pour ce qu'il étoit. C'en étoit assez pour me donner une grande impatience d'engager la conversation. Je le fis néanmoins avec décence et sans commettre l'honneur du sexe qui exigeoit que le publicain parlât le premier. J'affectoi d'entretenir ma compagne à voix haute, et bientôt il se mêla à nos propos.

Lorsque nous fûmes aux prises dans les règles :

« N'aurons-nous jamais, me dit-il, le plaisir de vous revoir sur le théâtre ? Je ne désespérerois pas d'y renoncer, lui répondis-je en souriant, si vous vouliez demander ma grâce à M. de … avec lequel je sçais que vous êtes fort bien. Hé quoi ! reprit-il, cette vieille querelle dure encore ? Quelle misère ! J'ai cru cela fini. Votre exil n'a été que trop long pour une bagatelle ; j'en parlerai dès demain, et c'est une affaire faite.

Ce début fut tellement de mon goût, que je résolus de pousser l'aventure aussi loin qu'elle pourroit aller. Tu sçais que lorsque tu partis de Paris, j'avois les yeux petits, vifs et gaillards, et par conséquent beaucoup plus propres à inviter au libertinage qu'à inspirer une passion bien étoffée. J'ai reconnu le tort que cela me faisoit, et j'ai d'abord pensé à me faire fendre et agrandir les yeux, à l'exemple de la femme d'un orateur qui l'a fait avec succès et qui depuis s'est fait faire ailleurs une opération toute contraire. Mais on m'a si fort exagéré le danger que, quittant cette idée, je me suis contentée de m'étudier à rendre mes regards plus doux. A force de travail et d'exercice, je suis enfin parvenue à tourner les yeux d'une manière si tendre que lorsque je lorgne il n'y a personne qui ne jurât que je fais quelque chose de plus.

Cette petite digression étoit nécessaire pour te faire entendre comment je jouai de la prunelle sur mon financier. Mon heureuse méthode fit des merveilles. Je le fixai d'un air passionné ; je me tournai un peu de son côté. Je lui témoignai me reconnaissance avec les expressions les plus vives, et il me parut que ses yeux s'enflammoient.

Nous en étions là lorsque Mademoiselle Le More entra dans la loge qui étoit vis-à-vis de nous. Le parterre battit des mains avec tant de fureur, que nous ne nous entendions plus qu'avec peine. Picquée de ce tintamare, je dis : Voilà une musique qui ne peut guère plaire qu'à celle pour qui elle est faite. Cela est vrai, répondit le financier, mais Mademoiselle Le More la mérite bien, elle a enchanté tout Paris dans Issé. Pour moi, ajouta-t-il, je vous avouerai qu'elle m'a fait pleurer quatre fois, et je ne vous dis pas ce qu'elle m'a fait faire plus de dix. Est-il possible ? lui répartis-je. J'aurois été bien charmée d'être témoin de vos larmes ; quel plaisir de voir pleurer à l'Opéra ! Je ne voulus point ajouter : et d'y voir pleurer un publicain, qui est celui de tous les animaux qui pleure le moins.

Cependant il m'assura que ce n'étoit point façon de parler, et je crus dès lors qu'il avoit le cœur tendre. Je fis jouer tous mes ressorts. Je me penchai vers lui sous prétexte de lui parler à l'oreille, mais en effet pour lui faire voir de plus près certains tétons, qui, comme tu sçais, ne sont pas indifférents. Ils étoient en proye à ses regards avides, et j'affectois de les pousser par une respiration forcée, afin de donner au galand la tettomanie. Mon manège réussit. La pièce commença, et le financier ne s'en aperçut presque pas. Il ne voyoit que moi, et ne me parloit que de moi. Il me renouvella cent fois la promesse d'obtenir ma grâce. Je lui demandai la permission d'aller sçavoir chez lui le succès de ses démarches. Mais il me dit qu'il falloit bien m'en garder, et qu'il viendroit dès le lendemain m'en apprendre des nouvelles chez moi. C'étoit là que je voulois l'amener. J'étois comblée.

Notre conversation ne fut interrompue que par les danses des petits enfans. Nous les regardâmes, et je demandai à mon homme ce qu'il en pensoit. Ils sont admirables, me dit-il, et je ne crois pas que jusqu'à présent on ait rien vû de si surprenant. Pour moi, ajouta-t-il en riant, je ne vois jamais ces enfans là qu'il ne me prenne envie d'en faire. Monsieur, lui répondis-je, fait comme vous êtes, et d'ailleurs riche et bienfaisant, vous trouverez peu de belles qui vous éconduisent ; et sans aller bien loin, vous voyez à ce balcon Mesdemoiselles Saint-Germain, Coupé et Varquin, qui sont d'une fécondité éprouvée (1). Je suis

____

(1) Mlle Coupée nous est déjà connue. Des deux autres filles ci-dessus nommées la première était danseuse et la seconde chanteuse, mais celle-ci avait beaucoup moins de réputation comme fille galante. Voici leurs états de service exacts d'après le *Manus-*

sûre qu'en leur adressant vos vœux... Non, interrompit-il, je veux que ma postérité ne descende désormais que de vous. J'entends raillerie, lui répliquai-je, et vous pouvez badiner à mes dépens. Je badine si peu, reprit-il, que demain je vous porte deux cents louis pour les frais de la noce. Deux cents louis, ma chère. Ah ! je ne résiste point à des soupirs de cette force là. J'en fus si touchée que je sentis une agitation qui me gagna tout le corps avec une soudaineté inexprimable. Je demeurai sans mouvement, et le galant, qui s'apperçut de mon trouble, songea à en profiter. Il étoit à mon côté gauche, et j'avois une robe ouverte. Il fourra sa main droite, je ne sçais comment, et avec la gauche il saisit la mienne qui se laissa conduire où il voulut avec une docilité qui n'est pas sans exemple à l'Opéra. Nous étions appuyez l'un et l'autre sur le devant de la loge, en sorte qu'on ne pouvoit tout au plus s'appercevoir que de l'absence de nos mains. Le financier s'allumoit de plus en plus, et moi je me prêtois comme une folle que l'émotion a laissée sans défense. Nous aurions fait sans doute quelque sottise, si je ne m'étois

crit *Amelot* : « *Varquin*. — Demoiselle des chœurs. Entrée à l'Opéra en 1735, aux appointemens de 300 livres. Augmentée à Pâques 1736 de 100 livres et de 100 livres à Pâques 1741. Ses appointemens ont été supprimés depuis le mois d'août 1737 jusqu'au 1er janvier 1738. Retirée en 1745. » — « *St-Germain*. — Danseuse figurante. Entrée à l'Opéra en 1728 aux appointements de 400 livres. Augmentée à Pâques 1736 de 100 livres, à Pâques 1738 de 100 livres, à Pâques 1747 de 100 livres et à Pâques 1750 de 190 livres et 100 livres de gratification. Elle fut mise à la pension en juillet 1748, mais sur ses sollicitations elle fut rétablie quelques mois après dans ses fonctions. Remise à la pension le 1er may 1754. » Sa pension fut fixée à 400 livres. Du temps de la splendeur de Mlle Saint-Germain, le financier Crozat avait eu l'idée lumineuse de faire tapisser son boudoir en billets de banque : il y en avait pour un million.

rappellé dans ce moment la funeste aventure qui causa ma disgrâce. Je pensai m'évanouir à ce fatal souvenir. Je retirai ma main aussi vite que ma faiblesse pouvoit me le permettre et je le priai d'en faire autant. Mais il continuoit de cheminer sans tenir compte de ma prière. J'insistai en lui disant d'une voix entrecoupée : Monsieur, demeurez donc tranquille, je vous en supplie. Le public, déjà prévenu contre moi, peut interpréter mal les gestes du monde les plus innocens. Voulez-vous me perdre *de réputation ?*

... Il se rendit enfin à mes instances, et la comédie finit. Il était tard. Le financier ne me quitta qu'après mille protestations d'amour. Il avoit un air si naïf que je me persuadai aisément qu'il en tenoit.

Je m'en retournai chez moi avec un si grand fond de gayeté que je [ne] pus ni manger, ni dormir. Cependant je m'occupai à faire agréablement dans ma tête l'emploi des deux cent louis que j'attendois, et à me disposer à remonter en triomphe sur ce fameux théâtre sans lequel il n'est point de salut pour nous. Mes espérances ne furent point trompées, le galant arriva le lendemain sur les sept heures du soir tenant en main grâce et argent. Je te laisse à penser s'il fut bien reçu.

Nous passâmes la soirée dans tous les charmes du tête à tête, et nous fîmes un souper qui fut poussé jusque bien avant dans la nuit. Il fut interrompu quelquefois, pour ne rien oublier de ce qui pouvoit rendre la connaissance complète ; et nous ne nous séparâmes qu'après nous être donné mille assurances d'une satisfaction mutuelle.

Que te dirai-je enfin ? Je me retrouve en possession de mon ancien état, et adorée d'un homme de quarante ans, d'une figure fort passable et qui paye comme un président. Il y auroit conscience de tromper un pareil amant. Aussi ne veux-je plus entendre parler de guer-luchons, à moins que la vivacité du printems ne me mette dans l'impossibilité de m'en passer.

Tu vois qu'il ne manque à ma bonne fortune que de la partager avec toi. Dis-moi ta situation, je suis sûre que tu t'ennuies à gogo dans cette maudite ville de Lyon. Reviens ici. Je suis actuellement à portée de te produire dans la finance. C'est un Pérou... Comment peux-tu vivre un mois dans une province ? Pour moi, j'aimerois mieux brouter à jamais l'herbe du Palais-Royal que d'aller à Lyon servir d'amusement à de vils négocians.

Adieu, ma chère amie, fais-moi réponse et compte sur toute ma tendresse.

Réponse de Mademoiselle Dumas

Danseuse de l'Opéra de Lyon

A LA LETTRE DE MADEMOISELLE PETIT

Je prends, ma chère amie, toute la part possible aux agréables nouvelles que tu m'annonces dans ta der-nière lettre. J'apprends avec un égal plaisir que tu es remontée sur ce célèbre théâtre, objet des vœux de toutes les filles de notre état, et que tu as fait l'heu-reuse acquisition d'un amant dont la plus célèbre actrice seroit contente. Aussi ta joye éclate-t-elle dans ta lettre ; quel feu d'imagination ! quelles saillies ! Je n'en suis pas étonnée, les conversations d'un homme que l'on trouve aimable, les soupers fins et délicats, et plus que tout, l'éclat d'une quantité de louis aiguisent bien l'esprit.

Tu me demandes réponse, il faut m'en acquitter. Je l'aurois fait plûtôt si ta lettre n'eût pas été en plusieurs endroits énigmatique pour moi. J'ai crû que je serois obligée de t'en demander la clef. Misérables provinçiales que nous sommes, nous n'apprenons les événements intéressans que quand on s'en souvient à peine à Paris. Voilà ce qui m'a mise au fait. Un des illustres de notre orquestre, arrivé de Paris depuis un mois, m'apporta deux jours après la réception de ta lettre un imprimé tout mouillé qu'il me présenta comme une pièce nouvelle, jolie et divertissante. Juge quelle fut ma surprise quand j'eus reconnu, syllabe pour syllabe, ta dernière lettre très correctement imprimée. Je n'eus garde d'avouer que j'en avois l'original ; j'invectivai contre l'impertinence de ceux qui mettent sous presse des choses aussi capables de nuire *à notre réputation*, et sans paroître remarquer le souris malin et ironique de cet homme, je dis que cette pièce étoit peu intelligible pour moi ; qu'est-ce que c'est, ajoutoi-je, que la dame qui s'est voulu faire fendre les yeux ? Que veut dire « payer comme un président », et beaucoup d'autres expressions que je lui citai ? Notre Amphion moderne, assez âgé pour avoir vu les bals de Sceaux et les fêtes du Cours, m'apprit le nom de l'orateur, ses exploits galants et les faits et gestes de sa tendre moitié. Ainsi, je connois à présent le mérite de ces deux figures vraiment antiques. Ma curiosité sur ce qui regarde le président fut aussi satisfaite. Je loue ce magistrat du bon emploi qu'il fait de ses richesses, ses confrères doivent lui en savoir gré. La bonne renom-

mée que ses libéralitez lui acquièrent pourroit faire
revenir un peu de la prévention où l'on est depuis si
longtemps contre les robins du haut étage. Seroit-il
possible qu'il y eût, parmi eux, des esprits assez baro-
ques pour opiner à lui faire une mercuriale, parcequ'il
est au moins aussi généreux que galant ?

Revenons à ta lettre, elle m'a beaucoup réjoui, mais
il faut que je te reproche de n'être pas sincère. Est-ce
une vertu faite pour nous ? me diras-tu. Non avec nos
amans, quand même on croiroit les bien connoître,
mais il faut l'être entre nous. Si j'en crois ta lettre,
tu te ferois scrupule de tromper ton cher financier, tu
renonces aux guerluchons, à moins, ajoutes-tu prudem-
ment, que la vivacité du printemps (que ne disois-tu le
feu de ton tempéremment ?) ne te mette dans l'impossibilité de t'en passer. Tu en as sans doute conservé
quelqu'un qui donne dans le bel esprit. Je sçais que tu
écris assez bien, mais sûrement ta dernière lettre n'est
pas l'ouvrage de toi seule, celui qui t'a aidé nous a
joué le tour de la faire imprimer. Cela m'allarme, mais
ce n'est que pour toi ; car il semble que cela excite
l'empressement de me voir et de me questionner. Je
tâcherai d'en profiter. Pour commencer à suivre tes
traces, je m'étudie à lorgner tendrement ; je conçois
que cet expédient bien mis en pratique est d'une
grande ressource pour agacer honnêtement les meilleurs sujets de Cupidon. Que je serois heureuse si ce
manège, joint aux autres petites manœuvres que je
sçais, pouvoit me procurer de quoi sortir de la province et me rendre auprès de toi ! Je n'aspire qu'à ce
moment, n'ayant point eu de bonheur ici. Tous les
hommes y ont l'âme un peu trop mercadante ; presque
absorbez dans leur commerce, ils n'ont des habitans

de Paris que le mauvais, c'est-à-dire l'humeur papil-
lonne. Je croyois l'année dernière avoir trouvé un
établissement aussi durable que gracieux ; j'avois
captivé un sénateur de race bourgeoise, fils unique
d'un procureur mort très vieux et très riche, après
avoir acquis ce que le vulgaire appelle une savonnette
à vilain. Le fils, à présent sexagénaire, est une figure
assez passable, moitié homme, moitié petit maître.
Il venoit fréquemment m'ennuyer du récit des affaires
de faux-sauniers dévolues au tribunal dont il est membre ; mais l'ennui étoit compensé par quelques libéralitez qui me faisoient bien. Je croyois mon nigaud
parfaitement maître de ses actions, et jouissant de ses
droits. On ne lui connoissoit ni femme, ni maîtresse.
Il mangeoit habituellement chez deux sœurs, dont la
plus jeune est née au commencement de ce siècle, et
qui se disent ses parentes. L'aînée, qu'on a vu faire le
métier de découpeuse, est vêtue en bourgeoise très
étoffée. Elle avoit sans doute ou croyoit avoir des
droits bien fondez sur ce richard. Après un mois ou
environ, il a cessé de venir chez moi ; il ne se fait plus
voir à l'Opéra et ne fait plus semblant de me connoître.
Sa chère découpeuse lui tient lieu de tout, même d'intendant : il faut qu'elle lui ait rudement égratigné le
cœur. Je n'ai plus que le plaisir de rire des empresse-
mens de cette belle surannée à lui garder dans une
église de moines gris une place commode pour entendre la messe sans rien débourser pour louer une
chaise.

La perte d'un si bon sujet me toucha d'autant moins
que je crus peu de jours après l'avoir agréablement
réparée. Entre un grand nombre de jeunes gens
désœuvrez qui viennent embarasser nos foyers, se

trouva un grand brun bien fait, à peine majeur, et
dont la phisionomie n'avoit d'autre défaut qu'un air
trop timide et une contenance un peu gênée. Il étoit
nouvellement arrivé de Valence, où il y a une Univer-
sité célèbre depuis longtemps par la facilité d'y acqué-
rir des degrez. Nos violons s'accordoient lorsqu'un de
ses anciens amis lui présenta du tabac qu'il refusa, en
disant qu'il s'étoit heureusement défait de la mauvaise habitude d'en prendre ; toute cette jeunesse qui
croiroit déroger si elle manquoit à la moindre vétille
de ce qui est de mode, le persiffla impitoyablement.
Un des moins étourdis entreprit de le convaincre par
des raisons. La principale fut l'utilité du tabac pour
délasser du travail d'esprit et rappeler les idées.
Erreur, dit l'autre, il n'y a qu'à passer ses doigts seuls
trois ou quatre fois sous le nés, cela fait le même effet.
Il me regardoit d'un air satisfait de lui-même, en pro-
posant ce bel expédient. On est heureux, lui répondis-je, quand on pourvoit à tous ses besoins par le seul
secours de ses doigts. Toute l'assistance éclata en ris
immodérez et honora cette espèce de bon mot d'autant
de battemens de mains qu'une belle cadence de Mademoiselle le M.... Un des plus éveillez me dit à l'oreille ;
Courage, vous l'avez frappé par un endroit sensible,
ce jeune homme est riche, il a du génie, il est maître
de ses actions, se seroit un garçon parfait si vous
pouviez lui ôter un préjugé scholastique plus ridicule
que son aversion pour le tabac. J'avoue que la figure
de ce juriste me plaisant, je n'eus pas de peine à me
résoudre de travailler à sa conversion. Lui, de son
côté, après quelques momens de confusion, me repro-
cha que j'étois malicieuse et parut me regarder avec
quelque attention. Mes yeux firent leur devoir, mon

poitrail et ses dépendances se mirent de la partie, et j'augurai bien de mon projet lorsque le jeune homme, qui me paraissoit, suivant ton élégante expression, avoir la tettomanie, m'attrapa dans une coulisse, et en me serrant la main, me baisa à la sourdine un demi-pied au-dessous du menton. Il m'accosta plusieurs fois pendant le spectacle et me demanda la permission de me voir chez moi. Je la lui accordai après quelques petites façons. Je fus assez folle pour m'occuper de lui et pour en perdre quelques moments de sommeil. J'eus sa visite le lendemain ; je viens, dit-il, abjurer à vos pieds une erreur que la mauvaise éducation n'avoit que trop enracinée dans mon esprit et dont votre petite raillerie m'a fait sentir l'affreux ridicule... Je ne te manderai pas toute la conversation, qui fut assez longue. Je ne crus pas devoir me livrer à ses empres-semens, je voulois l'enflammer et j'y réussis : il revint le jour d'après ; nous débutâmes par quelque léger badinage qui le mit au point où je le voulois. Il brûloit d'impatience de voir un spectacle nouveau pour lui et dont le seul prélude l'enchantoit. Quand la toile fut levée, il me parut hors de lui-même ; cependant, après le troisième acte il se rebuta. La visite qu'il me fit quelques jours après fut très fort de mon goût. Il enchérit sur les petits présens que j'en avois reçus. Il me prouva sa tendresse en beaux louis comptant et me parut plus amoureux que le premier jour. Mais le pouvois-je prévoir ? Après la sixième entrevue, il m'a quitté par esprit de ménage, pour s'amuser à une petite bourgeoise qui est toute glorieuse de cette préfé-rence. Voilà, ma chère amie, les plus agréables et les plus lucratives conquêtes que j'aie faites. Nos plus riches négocians vaudroient quelque chose s'ils avoient un peu plus de goût pour le théâtre, et s'ils fuyoient moins l'attachement. Ils s'échappent quelquefois ; heureuses celles qu'ils trouvent alors ! La jeunesse, ici comme ailleurs, ne procure guère l'utile : ainsi je m'ennuie comme tu l'as deviné, c'est-à-dire *à gogo*. Je médite une nouvelle conquête uniquement pour me mettre en état de profiter de tes offres obligeantes de me produire dans la finance ; mais peut-être as-tu déjà changé d'amant : car ces messieurs les publicains sont encore moins constants que les autres hommes. Que t'importe pourvu que tu ayes sçu profiter du temps et que ton financier ait un bon successeur ? Tout nous est bon, épée, petit-collet, robbe, turban même, quand notre avantage s'y rencontre. Adieu, chère amie, mande-moi sérieusement quelles sont tes vûes pour moi, je n'oublierai rien pour me mettre en état de partir d'ici. Que le sort qu'a eu ta dernière lettre ne t'empêche pas de m'écrire. Quand il en devroit être de même de celle-ci et quand toute l'édition ne feroit qu'un saut de l'imprimeur à l'épicier, quand même nos lettres attireroient une foule d'arrêts du Conseil de Momus aussi insipides que celui qui paroît au sujet de ta rentrée à l'Opéra, j'en serois peu touchée, pourvu que je fusse assurée de la continuation de ton amitié, comme tu dois l'être de la mienne (1).

Mademoiselle Petit avait décidément obtenu le pardon de sa faute, elle avait été réintégrée dans

---

(1) La Bibliothèque nationale possède presque toutes ces pièces en prose, il y en a aussi plusieurs à la Bibliothèque de l'Opéra ; mais la série complète des huit n'existait, à notre connaissance, que dans la riche bibliothèque musicale de feu Ernest Thoinan, qui avait bien voulu les mettre à notre disposition : la dernière notamment ne se trouve ni à la Bibliothèque nationale, ni à l'Opéra.

10

tous ses droits et devoirs à l'Opéra, et sa bonne amie de Lyon pouvait être pleinement rassurée sur son sort. Mais la danseuse repentie ne profita pas longtemps de la grâce qu'on lui avait accordée et moins d'un an après, en 1747, elle quittait le « tripot lyrique » cette fois sans esprit de retour : retraite imposée ou départ volontaire, on ne sait, car nul ne paraît s'être occupé de ce très mince incident de coulisses... Ainsi marchait l'Académie de musique à travers tant d'administrations mal affermies, chancelantes, culbutant l'une sur l'autre et sous la direction suprême d'un prince qui, d'après Barbier, « jouait à l'Opéra toutes sortes de rôles, hormis celui de prince », ce prince de Carignan qui avait la haute main sur tout ce petit monde et commandait à cette armée de reines et de déesses ; ainsi allait de cahot en cahot et de chute en chute cette glorieuse Académie de musique, tellement dégénérée depuis le baptême qu'elle avait reçu du Grand Roi, si bien tombée en quenouille que certain railleur demandait sans trop plaisanter qu'une femme fût chargée de la diriger — afin qu'un homme y régnât.

CHAPITRE IV

Une mystification amoureuse
Grimm et Mademoiselle Leclerc

En 1760, Grimm venait d'être choisi par la ville de Francfort pour la représenter en qualité de ministre à la cour de France. Il avait dû cet honneur inattendu au talent qu'il avait montré en adressant depuis bientôt sept ans une correspondance littéraire, d'abord à la princesse de Saxe-Gotha, puis à six princes souverains, dont les principaux étaient l'Impératrice de Russie, le Roi de Suède et le Roi de Pologne. La façon dont

il s'était acquitté de cette mission délicate l'avait
mis en grande considération auprès de ses corres-
pondants et avait enfin déterminé le choix de la
ville de Francfort, mais le littérateur improvisé
agent diplomatique manqua de prudence : certaine lettre où il se permettait de vives plaisanteries sur les ministres français fut interceptée par
la police de Louis XV et amena sa déchéance.
Il n'en avait pas moins figuré pendant deux ans
sur l'*Almanach Royal,* où il devait reparaître plus
tard avec le titre de ministre du duc de Saxe-
Gotha, et cette grandeur passagère, qui n'ajoute
rien à sa réputation, avait vivement flatté son
amour-propre et enflé sa morgue naturelle.

Il n'y avait pas encore longtemps, à cette époque, que l'étudiant de Leipzig, tout frais débarqué
à Paris avec les enfants du comte de Schomberg,
dont il était précepteur, et devenu secrétaire du
comte de Friese, s'était pris d'une belle passion
pour certaine chanteuse de l'Opéra. Le jeune
étranger possédait un caractère romanesque,
exalté, sentimental ; il avait naguère ressenti pour
une princesse allemande un amour profond et
mystérieux qui aurait pu — c'est lui qui le dit — le
conduire au suicide. Il se figura que la meilleure
façon d'obtenir les bonnes grâces de la chanteuse

était d'éveiller sa sympathie, son amour, sa pitié, en simulant une passion sombre, irrésistible pour le « cruel objet de ses feux » ; mais quand il vit que la belle le laissait expirer sans consolation, il guérit tout à coup et se reprit à vivre.

L'héroïne de cette grand passion, Marie Fel, était la fille d'un organiste de Bordeaux. Née en 1716, selon la version la plus vraisemblable, ayant appris le chant d'une virtuose italienne renommée, Madame Carle Vanloo, sœur du célèbre violoniste Somis, elle débutait à dix-sept ans, mais non pas dans le ballet des *Eléments,* comme on l'écrit d'habitude en copiant aveuglément Fétis. Une voix étendue et d'une sonorité égale, des connaissances musicales assez solides et aussi le précieux don naturel de prononcer également bien le français, le latin, l'espagnol et l'italien, valurent à cette chanteuse d'éclatants succès qui durèrent pendant vingt-cinq ans à l'Opéra, plus longtemps encore au Concert Spirituel, et dont les infatigables rimeurs du temps nous ont transmis l'écho :

> Si l'amour jouit de sa gloire,
> Belle Fel, il la tient de vous :
> Son empire semble plus doux
> Lorsque vous chantez sa victoire.

ou encore :

> Quelle voix légère et sonore !
> Ah ! que vous inspirez de feux !
> De Fel, vos doux accents rendent plus tendre encore
> L'amour qui brille dans vos yeux.

Mlle Fel avait débuté à l'Opéra par le rôle de Vénus dans le prologue de *Philomèle*, de La Coste, et lorsqu'elle prit sa retraite en 1760, conformément au règlement qui accordait une pension proportionnée à leur traitement aux artistes qui avaient fourni plus de quinze ans de service à l'Opéra, elle, qui n'était pas loin d'y avoir chanté pendant un quart de siècle, obtint une pension de 1.000 livres, plus 500 de gratification annuelle en raison de ses services exceptionnels. Quoiqu'elle n'eût pas mené une conduite des plus légères — sa liaison prolongée avec le peintre Quentin de La Tour en est la preuve — elle ne put échapper aux railleries de la mordante Sophie Arnould et comme elle avait déjà comblé les vœux de plusieurs soupirants lorsqu'elle s'avisa de prendre la tenue et le ton d'une prude : « C'est une vraie Pénélope, fit sa camarade ; elle défait la nuit ce qu'elle a fait le jour. » Le greffier administratif de l'Opéra, greffier facétieux autant qu'imaginaire, ajoute bien cette mention aux états de services de la chanteuse : « Fel, petite fille, mais grande musicienne, chantant fort bien l'italien. Elle n'est point jolie, cependant on la dit maîtresse de M. le duc de Rochechouart »; mais cette formule dubitative est encore à l'éloge de l'artiste, et puis qui sait si le noble duc ne lui avait pas tout simplement ouvert les portes de l'Opéra ?

Chevrier écrit bien encore dans son pamphlet du *Colporteur,* publié en 1753 : « Voyez la Fel qui a fait de nos jours la gloire de l'Académie royale de musique, et dont les accents enchanteurs l'ont disputé pendant longtemps à la mélodie du rossignol : elle crut autrefois honorer un souverain en le recevant entre ses bras ; elle rendit fou le tendre Cahusac qui vient de mourir dans les loges de Charenton, et cette précieuse est aujourd'hui réduite à quêter un regard ou à déshonorer son goût. » Mais cela est calomnie pure de la part de Chevrier, car, outre qu'on ne trouve pas trace apparente d'un souverain étranger dans la carrière de Mademoiselle Fel, elle n'avait pas alors plus de trente-sept ans, et n'était ni oubliée, ni délaissée en 1753, l'année même où la création du rôle de Colette, dans *le Devin de village,* marquait l'apogée de sa vogue et de ses succès (1).

---

(1) « *Fel.* — Demoiselle des Rolles. Entrée à l'Opéra en novembre 1734, aux appointements de 600 livres. Augmentée à Pâques 1736

Rousseau, qui était lié alors d'intime amitié avec Grimm — comme il changea par la suite ! — a laissé, dans ses *Confessions*, un récit froidement ironique de cette mystérieuse maladie : « Grimm, après avoir vu quelque temps de bonne amitié Mademoiselle Fel, s'avisa tout d'un coup d'en devenir éperdûment amoureux et de vouloir supplanter Cahusac. La belle se piquant de constance éconduisit ce nouveau prétendant. Celui-ci prit l'affaire au tragique et s'avisa d'en vouloir mourir. Il tomba tout subitement dans la plus étrange maladie dont jamais on ait ouï parler.

« Il passait les jours et les nuits dans une continuelle léthargie, les yeux bien ouverts, le pouls bien battant, mais sans parler, sans manger, sans bouger, paraissant quelquefois entendre, mais ne répondant jamais, pas même par signe, et du reste sans agitation, sans fièvre, sans douleur, et restant là comme s'il eût été mort. L'abbé Raynal et moi, nous partageâmes sa garde ; l'abbé, plus robuste et mieux portant, y passait les nuits, moi

de 200 livres. A Pâques 1738 de 300 livres. A Pâques 1740, 300 livres. A Pâques 1741, 200 livres. A Pâques 1742, 200 livres. A Pâques 1747, 300 livres. A Pâques 1749, 500 livres. Gratifications : A Pâques 1738, 200 livres. A Pâques 1740, 100 livres. A Pâques 1742, 200 livres. A Pâques 1747, 300 livres. A Pâques 1749, 200 livres. Pain et vin. A Pâques 1737, 100 livres, et au 1er octobre 1749, 200 livres. A quitté l'Opéra en 1735, et rentrée à Pâques 1736 Mise à la pension de 1760. » (*Manuscrit Amelot*).

les jours, sans le quitter jamais ensemble, et l'un ne partait jamais que l'autre ne fût arrivé.

« Le comte de Friese, alarmé, lui amena Senac, qui, après l'avoir bien examiné, dit que ce ne serait rien, et n'ordonna rien. Mon effroi pour mon ami me fit observer avec soin la contenance du médecin, et je le vis sourire en sortant.

« Cependant le malade resta plusieurs jours immobile sans prendre ni bouillon ni quoi que ce fût que des cerises confites que je lui mettais de temps en temps sur la langue et qu'il avalait fort bien. Un beau matin, il se leva, s'habilla, et reprit son train de vie ordinaire sans que jamais il m'ait reparlé ni, que je sache, à l'abbé Raynal ni à personne de cette singulière léthargie, ni des soins que nous lui avions rendus tandis qu'elle avait duré. Cette aventure ne laissa pas de faire du bruit ; et c'eût été réellement une anecdote merveilleuse que la cruauté d'une fille d'Opéra eût fait mourir un homme de désespoir. Cette belle passion mit Grimm à la mode ; bientôt il passa pour un prodige d'amour, d'amitié, d'attachement de toute espèce... »

Cette feinte amoureuse de Grimm et ses fonctions diplomatiques fournirent prétexte à ses ennemis — ou à quelque ami clairvoyant — pour lui infliger une sévère leçon de modestie. Ils imaginèrent un pathétique roman d'amour entre le critique et une danseuse nouvelle venue à l'Opéra et répandirent dans le monde des lettres à lui adressées par son amante, véritables modèles de haute bouffonnerie. Ces papiers sont comme perdus dans un volume supplémentaire de la *Correspondance* de Grimm, et je ne sache pas que personne ait flairé là une dure leçon à l'adresse d'un homme aussi susceptible, aussi vaniteux que l'était Grimm ; une mystification où l'on narguait son élévation diplomatique et qui, par un raffinement de méchanceté, lui fut infligée au moment précis où il venait de déchoir. En revanche, il s'est trouvé quelqu'un, beaucoup plus tard, pour prendre ces lettres au sérieux : c'est l'éditeur même de ce volume, lequel a eu la naïveté d'écrire en note « qu'elles ont un caractère de vérité qui repousse toute idée de supposition ». Il est bien clair que ces lettres ont été inventées à plaisir, et si d'aussi folles extravagances de style et d'orthographe ne suffisaient pas pour le prouver, il faudrait rappeler que Mademoiselle Leclerc vécut encore de longues années après la mort tragique qui termina ce douloureux roman (1). Donc, Mademoi-

(1) Je parle ici de l'édition de la *Correspondance de Grimm*, publiée

selle Leclerc mourut d'amour pour Grimm exactement comme il était mort d'amour pour Mademoiselle Fel — ne s'en porta que mieux après.

Voici la première lettre adressée à Grimm par l'inflammable danseuse, lettre toute débordante de tendresse et de passion :

Ce 3 Février 1760.

Monsieux et cher ministe,

J'ai zoui dir le bruit de votre réputassiou, zet que vous étiaiz fort amoureux de ma personne, charmé que vous êtes content de mon petit sçavoir faire, zainsi que de ma lézéreté. Je suis très sensible à votre ressouvenire, je ne le sis pas moins de vous avoir pour mon cher zamant, aianz appris que vous étiais fort savant, je ne doute pas de votre constance, car zon di que vous êtes plein de centimens, les miens seront fort touchés de votre amitié que je ne doutte pas qui soit cin serre. J'accepte donc les offres de votre cœur et me bornerez au simple nécessere aiant de la filosophie et préférant un filosophe come vous à tous les princes de la terre.

J'attends donc votre réponse et votre excellense cette nuit au bal de l'Opéra, et je sis d'avance contente de tout ce que vous m'i proposerés. Ne serai-je pas trop heureuse d'avoir un envoié come vous. En attendant, je suis de votre excellenze la très humble et très obligée et très tendre   MANON LECLERC.

chez Furne en 1829. M. Maurice Tourneux, dans l'édition beaucoup plus complète et très étudiée qu'il a donnée il y a environ trente ans à la librairie Garnier, a republié les mêmes lettres, sous ce titre indécis : *Une intrigue d'Opéra*. Rien de plus ; il se méfie et ne risque aucun commentaire, aucune explication.

Je vous avertis qu'il y a sur le palais roial un petit appartement à louer qui ne vous coutera que 3.000 fr. par an. Adieu mon petit ange, je t'embrasse. Qu'il me tarde de te tenir. A ce soir. Je t'embrasse encor.

Grimm dut être singulièrement piqué en recevant et en voyant se répandre dans le public une lettre aussi mortifiante pour sa vanité d'homme et de ministre, mais il put croire que pareille plaisanterie n'aurait pas de suites. Comment se douter, en effet, que cette mystification allait continuer quinze jours durant et que les traits en deviendraient chaque fois plus acerbes? A quelques jours de là, la maman Leclerc, qui vivait misérablement en province, du travail de ses mains, entrait en scène et écrivait à son tour au « Ministre de Franquefor », le suppliant d'épargner et même de sauvegarder l'innocence de l'inflammable Manon.

Chinon, ce 8.

Monsieux,

Je suis dan le dernié désespoir sur ce que j'ai tapri de ma fille Manon qui vous satécri par ou elle condescendoit à des propositions de libertinage dont au quel une honeste famille a lieu d'être bien sensible sur tou quand vous saurés, monsieux, que deffun mon mari et moi lui avon toujour remontré la crainte de Dieu et de conservé son honesteté. Pour Dieu, Monsieux, sy elle ne la pas encor fait je vous demande votre miséricorde pour une jeunesse. Tiré la du vice au lieu de l'y mettre, je peu attandre ca dun seigneur come vous, qui a sune ausi charmante réputation, car je me suis laissé dire que vous étiez un filosophe de grand esprit et que cétoit rapor à ca que les messieux de Franquefor vous zavoit fait minisse vous voiré que ces à cause de ca aussi que ma fille Manon ces amouraché de vous, car pour ce qui est de l'esprit j'ai toujour vue quel aimoit les plus grand, malgré qu'elle a un petit air modesse, quan que l'on ma dit quelle était au zopéra, allé monsieu, j'ai bien pleuré, car quoique je n'ai qu'un rouoit pour gagner ma vie, j'ay de lonneur et j'aimeroi mieu voir Manon ravaudeuse que dans le chemin de la perdition ou elle est. Mais jespere monsieu qun home qui a tant desprit aura ausi de la pitié pour une povre inocente qui ne savoit guere ce qui se pratique à Paris quand con y entre, je me dis don monsieux, en vous prometan mes priere pour votre prospérité, avec un venerable respect,

Votre très humble servante, la veuve

Le Cler.

Je demeure au Puy des Banc, quartier Saint-Etienne, à Chinon.

Grimm n'échappait aux supplications indignées de la mère que pour retomber sur les déclarations enflammées de la fille. Deux jours après, il recevait une nouvelle lettre de Manon. Depuis sa première épître amoureuse, la « jeunesse » semble avoir pris quelques leçons d'ortographe, probablement pour flatter la vanité de son cher amant, et, à quelques lourdes fautes près, elle s'exprime ici presque avec élégance.

Ce 10 Février 1760.

L'as-tu dû penser, monsieur et cher ministe, qu'un cœur tout à toi put changer, et qu'attachée à zun filosofe, je lui prefere jamais ces êtres machines qui tourbillonnans, bourdonnans sans cese autour de moi sans cesse m'obsèdent ? Leurs idées, leurs propos vagues et cabottans ne séduiront jamais une âme que tu as charmée ; la volupté de mes pas, leur expression, mes yeux ne te le jurent-ils pas quatre fois par semaine ? Ah ! incomparable et cher amant, que ma figure et mes talens me deviendroient odieux, si j'oubliois qu'ils m'ont fait distinguer de mon ministe, si tu ni attachois ton bonheur, et s'il m'en restoit d'autre enfin que celui de te plaire ! Avec quelles délices j'ai présentes encore tes dernières caresses, que je leur dois d'intéressantes découvertes ! Tant d'idées sublimes et nouvelles pour moi m'attachent encore plus à ton excellence, l'intérêt ni les honneurs n'ont jamais flatté la maîtresse, ce n'est point zune queue trainante qu'elle ambitionne, c'est son cher ministe tendre, élevé, charmant et sans cesse enchanté. Oui ! âme de ma vie, charme de mon cœur, saxon sans pareil, ta petitte qui ne veut que toi pour toi, l'attend cette nuit au bal, après le bal, toujours et toujours te deffie d'y arriver plus amoureux qu'elle ; si elle t'égalle en sentimens, elle te surpasse en transports, en yvresse : tous les feux du monde entier ont, je crois, passés dans le cœur de ton amante, ne les y laisse jamais étendre : elle t'en conjure, pour une empire elle ne voudroit pas t'aimer moins : elle t'attend et t'embrasse mille et mille et cent fois.

Le soir du même jour, nouveau billet. Mais quelle métamorphose s'est opérée en quelques heures ! La douce et tendre jeune fille se transforme subitement en une amante ardente et jalouse. Et dans le flot de reproches amers qui lui montent aux lèvres, la rageuse Manon ne prend plus le temps de s'observer et commet fautes sur pataquès.

Ce Dimanche, 10 Février 1760.

Perfide zais ce de la magnières dont on zen use avec zune personne dont la tendresse t'a tétée si zingenument prouvée ! Il me revient de touttes parts, ingrat, que par tout, dans touttes les maisons tu fais des gorges chaudes de mes lettres, de ces lettres si tendres, et que je croioi adresser au plus discret des amans : si tu ne les pas plus avec la ville, que de chagrins tu lui prépares et que je la plains.

Mes compagnes aujourd'hui se moquent de moi de leur avoir refusé des ministres de toutte couleur. Je préférois la tienne barbare zinhumain et me vla bien chan ecuse... Va t'en za ton pays des Saxons et ne viens plus me ficher malheur à zune victime innocente de tes charmes que j'abjure et déteste à jamais.

Malheureuse que t'avois-je fait, mais pourquoi m'étonner. J'apprends que tu es un erotique. Encore si tu avois des talens turcs je te passerois peut-être tes

magnières à la française, et pourquoi m'avoit-on zas-
suré qu'un filosofe regarde l'amour comme chose
sacrée, ce n'est pas t'ainsi que tu penses profane, tra-
cassier, zimpudent. Je sis si peu t'accoutumez aux noir-
ceurs, aux immondices, que la main m'en tremble
d'horreur, cette main que je ne devois, dis-tu, destiner
qu'à tes plaisirs et que tu méprises après. Adieux,
zexcommunié, que tes Saxonnes te trompent, je n'en
prendrai plus la peine. Regrettes un cœur comme le
mien, tu mérites ton pardon si tu l'oses. Il n'est plus
de bal pour moi cette nuit, l'ingrat ira-t-il, n'ira-t-il
pas, emploiera-t-il des violences ordinaires pour m'a-
paiser, en auroit-il eu besoin s'il eut sçu se taire ? Il
sçavoit si bien que mes portes ne ferment point, il aura
tout oublie. Non il n'est plus rien pour moi ni bal ni
consolation. Il m'en faudra mourir. Estoit ce de cette
magniere ?... Je m'égarre, adieu perfide et bavard petit
maître.

Où la mystification atteint des proportions
imprévues, c'est lorsqu'une autre danseuse de
l'Opéra, Mademoiselle Miré, écrit à Grimm pour
lui apprendre la mort de la pauvre Manon, trépas-
sée dans une fureur folle, en appelant « *son chair
Sacson, son cher méniste* ». La nouvelle interlo-
cutrice continue de jouer le drame, reprochant
amèrement au critique le trépas prématuré de la
jeune fille morte d'amour pour lui. Puis elle cède
elle-même à la renommée fascinatrice de Grimm,
elle sent sa colère devenir sympathie et termine

Je ne veux point du Lys
Il me faut des Bijoux, et des Diamans de Prix
De l'Or de l'Argent des Habits, et de belles Dentelles
Des Meubles magnifiques, et de riche Vaisselle.

en le suppliant de l'aimer à son tour — au même prix,

J'appran an se moman que ma bonne amie le Clair vient de mourir, j'ai su la tendre amitié quelle avoit pour vous, je l'ai vu peu dheur avan sa fin. Elle demandait can cesse son chair sacson et dans son transpore elle vouloit partire avec son chair meniste pour aller à Franqore, et je ne sai combien dautre discour qui vous auret fandu lame. O milieu de sette triste situation on es venu anoncer moncieur le curé de sint Ustache, on a fet sortir tout le mondde es moi come lais autres. Je fondez an larme, es je nai pu diner de la journée. A la fin pourtant je fet reflecsion que la filosofi consolet de tou ; jé santi que vote exquellanse auret besoin de consolasion, et jé me crérai traize heuruse si vous me permettais di contribuer. On ma fet lirre le petit praufète (1), et depuis ce moman jé santi pourre l'oteur les cantiman lais plus tandes, qelle gloare pour moi si j'avois lhonneur de devenir profetesse. Come profete vous savois tou se qui ce passe dan le queur, que ne lisais vou dan le mien toutte la tandraise que jé pourre vous ! Que jé serez hureuse si jé pouvés remplacer ma chere le Claire, a qui Dieu face pai ! Mon chagrin mampeche dan dirre davantage. Adieu chair et adaurable meniste. Personne na jamés aimé votre exquellance ossi cinsserement que

MAGDELEINE MIRÉ.

(1) *Le Petit Prophète de Bœhmischbroda*, publié incognito par Grimm au début de la querelle musicale dite Guerre des Bouffons.

Jéme la filosofi comme la povre défunte, e jé me con-
tanteré dais maimes condissions.

Combien Grimm devait supporter avec impatience ce persiflage! Combien ces railleries, si
méchantes sans injustice ni grossiéreté, devaient
irriter un homme qui se sentait attaqué à la fois
dans ses prétentions diplomatiques, dans sa fatuité
amoureuse et dans sa nationalité, en même temps
que ses instincts de bel esprit et d'élégant écrivain
étaient froissés par le style macaronique de ces
épîtres! Quelque démangeaison qu'il eût sans
doute de répondre, il sut garder assez longtemps
le silence pour que cette plaisanterie finît d'elle-
même. Se taire en cette circonstance c'était encore
montrer de l'esprit, car il était assuré, s'il ripos-
tait, de prolonger la mystification et de redoubler
la joie du public, dans l'impossibilité où il était
de remporter le moindre avantage sur un ennemi
qui se dérobait et changeait de masque à tout
moment.

Mais quelles étaient donc ces deux danseuses
dont on avait emprunté les noms pour infliger
cette leçon au critique-diplomate et qui n'avaient
pas dû se plaindre de la liberté dont on usait à
leur égard, car ces lettres avaient obtenu dans le

monde un succès assez grand pour étendre encore leur renommée et faire hausser leurs actions ?

Mademoiselle de Miré — c'est ainsi qu'elle signait — était d'origine juive et s'appelait de son vrai nom Jeanne-Charlotte Abraham : elle avait vu le jour le 14 septembre 1738 (1). Elle était entrée à l'Opéra en février 1755, comme danseuse figurante ; mais elle fit dès l'année suivante une fugue prolongée et fut rayée des états. Elle rentra comme figurante et danseuse en double — c'est-à-dire doublant à l'occasion les premières danseuses — en 1757 ; mais elle perdait les deux années précédentes pour ses droits à la pension, qui ne coururent que du jour de sa présence effective. A la fin de 1762, elle arrivait au premier rang des danseuses figurantes par ordre hiérarchique et d'ancienneté alors observé avec une ponctualité immuable : elle garda cette place jusqu'en 1772, époque à laquelle elle prit sa retraite fixée à 300 livres.

Au rebours de son amie, Mademoiselle Leclerc ne restait pas longtemps fidèle à l'Opéra : elle le quittait ou y rentrait au gré de son caprice ou selon les variations de sa fortune galante. Entrée comme

____

(1) *Pièces relatives aux pensions de l'Opéra*, recueillies par Francœur et conservées aux Archives de l'Opéra.

surnuméraire en 1759, elle fut peu après engagée comme première danseuse à Vienne et elle est mentionnée sur les feuilles de 1760-1761 comme *retirée avec congé absolu pour aller à Vienne ;* elle n'y resta qu'un an, tant elle avait hâte de reprendre sa joyeuse vie à Paris, et dès janvier 1762, le correspondant et fournisseur attitré de l'Opéra de Vienne, qui n'était autre que Favart, devait se mettre en campagne pour la remplacer (1). La capricieuse Leclerc ne reprenait à Paris sa place de figurante que pour s'éclipser de nouveau, sans même obtenir de congé ; puis après avoir répété deux ou trois fois ce manège, elle parut se calmer un peu ; en 1769, elle reprenait sa place de figurante simple, puis arrivait, cinq ans plus tard, à être danseuse en double, tandis qu'une autre Leclerc, qui devait être sa sœur cadette, comptait depuis trois ou quatre ans parmi les surnuméraires, dites élèves du magasin, qui n'étaient pas rétribuées. En 1773, enfin, la cadette disparaissait et l'aînée parvenait au rang de danseuse seule aux appointements de 1.500 livres ; elle garda cette position jusqu'en 1776, époque à

(1) (Sur les rapports de Favart avec les théâtres de Vienne, voir les chapitres intitulés : *Favart et Gluck* et *les Pèlerins de La Mecque* dans mon ouvrage : *La Cour et l'Opéra sous Louis XVI* (un vol in-18, Paris, chez Didier, 1878).

laquelle elle redevint première double avec une diminution de 300 livres, et peut-être fut-elle humiliée de ce recul, car elle se retira dans le courant de l'année suivante. A dater de 1778, plus de Leclerc, ni aînée, ni cadette : elles avaient toutes deux fait fortune ou elles étaient lasses de danser (1).

Si Madeleine Miré et surtout Manon Leclerc avaient médiocrement progressé dans le corps de ballet, elles avaient fait un chemin plus rapide dans la vie privée — ou publique, pour mieux dire — et leur carrière galante fut beaucoup plus glorieuse que leur carrière chorégraphique. Elles n'étaient encore que figurantes ou danseuses en double à l'Opéra qu'elles comptaient déjà parmi les filles les plus appréciées de la finance et de la cour.

(1) C'était la mode alors de publier des lettres sous le nom d'actrices ou de filles à la mode, mais la plaisanterie était rarement aussi longue et aussi amusante que celle-ci. A quelque temps de là, il parut encore une lettre de Mlle Leclerc à Poinsinet le mystifié, lettre écrite en fort beau langage et où elle marquait l'intention de débuter à la Comédie-Française ; la réponse supposée de Poinsinet était aussi sérieuse et contenait un parallèle juste et bien tracé entre les principales actrices du Théâtre Français. Poinsinet finit par se vanter d'avoir eu 484 maîtresses avant Sophie Arnould et estime que ce « caractère de légèreté est chez lui besoin de tempérament. » Le plus amusant est que Poinsinet crut devoir écrire au *Mercure* pour désavouer cette réponse et l'orgueilleuse prétention qu'on lui attribuait. Voir les *Mémoires secrets* (28 septembre et 7 octobre 1767) et le *Mercure de France*, de janvier 1768.

La première surtout était très haut cotée : elle passait pour être très ardente et pour exiger preuve sur preuve de la tendresse de ses amants, si bien que le bruit courait que l'un d'eux venait de mourir à la peine. « Ordinairement, glissa Sophie Arnould, la lame use le fourreau ; ici, c'est le fourreau qui a usé la lame. » Quoiqu'elle vît nombre de grands seigneurs à ses pieds, Mlle Miré n'était nullement fière avec ses camarades et répondait volontiers à leurs vœux, pour peu qu'ils fussent aimables et d'un physique agréable. Est-ce que Dauberval, l'élégant baladin, le danseur préféré du beau sexe, ne s'était pas fait graver un cachet où lui même était représenté en chasseur avec cette légende en exergue: « Quand je n'ai pas *Miré*, je manque mon coup (1) » ? Que quelques années s'écoulent encore et Mademoiselle Miré, sans avoir dépassé de beaucoup la trentaine, se verra décocher ce méchant couplet qui devait être un peu prématuré :

> A présent Miré, fatiguée,
> Au vieux sérail est reléguée.
> Jadis avec deux cotillons,

(1) Sur Dauberval et ses amours plus ou moins légitimes, voir le chapitre intitulé *Un Mariage chorégraphique* dans mon ouvrage : *l'Opéra secret au XVIIIe siècle* (in-8, chez Rouveyre, 1880).

> Entre sa tante, elle et sa mère
> Elle a ruiné tant d'étalons
> Qu'elle loge en porte cochère (1).

Veut-on connaître la vie que menaient la tendre Manon, morte d'amour pour Grimm, et la sensible Madeleine ? A défaut des nouvellistes qui, malgré leur curiosité, ne pouvaient pas les suivre jusque derrière les rideaux de leur alcôve, on n'a qu'à feuilleter les rapports secrets des inspecteurs de police de M. de Sartines. Ces honnêtes officiers, qui faisaient leur métier en conscience, racontent nuit par nuit les faits et gestes de chacune des courtisanes, femmes à la mode ou grisettes émancipées, sans rien taire de leur commerce galant, sans omettre une offre, un chiffre, un rendez-vous, un souper. Pensez donc qu'il ne s'agissait de rien moins que de distraire ainsi le Roi, chaque matin, à son petit lever.

C'est ainsi qu'un rapport en date du 2 octobre 1761 nous renseigne à la fois sur le compte des deux amies. Un certain M. de Vougny, qui venait de rompre avec Mademoiselle Dubois, s'était retourné d'abord du côté de Mademoiselle Pouponne, mais celle-ci lui avait signifié un refus en règle par fidélité pour M. de Brancas, et lui avait

_____

(1) *Légende dorée sur les Demoiselles d'Opéra,* 1770.

restitué exactement plusieurs cadeaux de prix que M. de Vougny avait envoyés par avance et qu'une tante prévoyante avait acceptés à l'insu de sa nièce. « La Dumirey (Miré) n'en a pas agi de même, poursuit le rapport de police, avec M. Roulié d'Orfeuil qui, toujours dupe à son ordinaire, lui a donné 50 louis d'or la semaine dernière, en lui promettant qu'elle coucherait avec lui, et qu'elle a très bien gardés, sans lui tenir aucune parole. Elle s'est seulement contentée de lui dire qu'il devait se trouver trop heureux d'avoir pu obliger une jolie femme, et qu'elle lui promettait de les lui rendre. M. d'Orfeuil est furieux ; il lui a promis de s'en venger, et est venu tout bouillant de colère conter à Brissault son aventure, en lui demandant conseil. Cet homme l'a laissé pester tant qu'il a voulu, et a fini par lui promettre ses soins pour lui trouver une maîtresse capable de lui faire oublier l'ingrate. M. d'Orfeuil s'est calmé, et pour engager Brissault à lui tenir promptement parole, il lui a fait présent d'une très jolie tabatière de chasse. » L'agent est moins explicite au sujet de Mademoiselle Leclerc ; il dit seulement que : « M. Sainson, mousquetaire gris, jeune homme fort aimable, connu pour avoir d'abord entretenu la demoiselle Leclerc, figurante à l'Opéra, l'avait ensuite guerluchonnée, lorsqu'elle était passée aux appointements du baron de Warseberg, et qu'il l'avait quittée totalement quand elle était devenue la favorite du comte de Bentheim. »

L'agent se trompait sur ce point, car il suffit de poursuivre cette lecture pour rencontrer toujours côte à côte les trois noms de la Leclerc, du comte de Bentheim et de M. Sainson. Le mousquetaire gris avait trouvé la place trop agréable pour en déguerpir : certain jour, pourtant, il troqua avec un sieur Duperrier qui occupait la même position auprès de la demoiselle Lafond, de la Comédie Italienne, mais cet échange ne dura que le temps de satisfaire une quadruple curiosité et les choses rentrèrent bientôt dans l'ordre accoutumé (1). Non seulement le comte de Bentheim, qui était véritablement féru d'amour pour la Leclerc, devait supporter sans éclat les trocs amoureux de ce M. Sainson, que la danseuse appelait galamment « le bistouri de son cœur », mais il voyait à tout moment de nouveaux soupirants adresser leurs hommages à sa maîtresse qui les agréait le mieux du monde. Tantôt, c'était M. de Montbrun, officier aux gardes françaises, qui lui envoyait force

(1) Rapports des 29 juillet et 19 août 1763.

cadeaux ; tantôt c'était un M. de la Tour, qui prétendait être aimé pour lui-même et qu'elle congédiait après une première visite, parce qu'elle n'était pas contente de ses services (1).

Un beau jour enfin, M. de Bentheim, scandalisé des caprices toujours croissants de sa maîtresse, fut pris d'une belle colère ; et alors se passa certaine scène tragi-comique, qu'un inspecteur raconte en ces termes dans son rapport du 28 janvier 1763 : « M. le comte de Bentheim a quitté totalement, dimanche dernier, la demoiselle Leclerc, qu'il entretenait depuis plusieurs années à gros frais. En voici la raison : M. de Bentheim était resté à coucher chez elle dimanche ; il ne fut pas plutôt endormi que cette demoiselle se lève sans bruit et s'en va avec sa femme de chambre au bal de l'Opéra. Le comte, une heure après, se réveille, et ne la trouvant pas à côté de lui, il se doute de l'aventure, se lève à son tour et s'en va au bal, bien masqué. Il aperçoit son infidèle qui donnait le bras à M. Monteville ; il s'approche d'elle et lui dit tranquillement : « Il faut croire que « jusqu'à présent vous avez regardé le comte de « Bentheim comme une bassinoire, mais vous « vous êtes trompée, car il pisse au lit. » Et il

(1) Rapports des 15 octobre 1762 et 29 juillet 1763.

s'est retiré sans lui rien dire de plus. La demoiselle Leclerc a paru très interdite de ce propos, et à l'encolure elle a parfaitement reconnu le comte de Bentheim. Elle a fait tout le reste du bal une triste figure et s'est retirée chez elle assez confuse, où effectivement elle a trouvé son lit tout imbibé. »

Le comte voulut persister dans sa décision de rompre avec la Leclerc ; il lui battit froid pendant quelques mois ; un jour même, il rendit visite à la demoiselle Testard, qui devait bientôt accoucher, et lui dit que si elle voulait congédier M. de Sormany, il la prendrait à ses appointements : en partant, il lui donna généreusement une poignée de louis. Mais cette belle colère ne dura pas, et bien qu'il sût parfaitement à quoi s'en tenir sur les infidélités de la Leclerc, celle-ci avait su prendre sur lui un tel ascendant qu'il demeura soumis : le jour de la Sainte-Anne, il lui fit présent, pour sa fête et en gage de réconciliation, de deux bracelets estimés 9.000 livres, dont l'un contenait le portrait de sa maîtresse et l'autre ses initiales entrelacées. Le comte payait un peu cher les libertés qu'il avait prises dans le lit de la danseuse (1).

Métra rapporte à propos de Mademoiselle

(1) Rapports des 29 avril et 29 juillet 1763.

Leclerc un mot spirituel — qui n'est pas d'elle —
par quoi se terminera cette rapide revue des hauts
faits de notre héroïne. La danseuse recevait une
pension annuelle de certain prince d'Allemagne
qui avait gardé le meilleur souvenir de son gracieux accueil. Ce prince étant mort, la pension fut
bientôt interrompue ; mais la demoiselle n'hésita
pas à en faire demander, par un tiers, la continuation au successeur du défunt. « Prince, disait
le négociateur, elle mérite à tous égards le maintien de cette pension et promet, en retour, de fer-
mer sa porte à tout le monde. — Ne m'en parlez
plus, répartit le prince impatienté, et que Mademoiselle Leclerc ouvre sa porte à tout venant, s'il
lui plaît ! »

Pour revenir à Mademoiselle Miré, un rapport
de police du 1er janvier 1762 nous apprend qu'elle
avait été assez longtemps entretenue par un
fermier général, M. de Cramavel ; mais que M. de
la Grandville, officier aux gardes françaises,
ayant conquis ses faveurs, le fermier général s'é-
tait retiré et avait fait agréer ses hommages à une
demoiselle Raye. L'officier avait alors quitté
Mademoiselle Miré pour s'attacher à Mademoiselle Raye et « s'était arrangé avec elle à raison
de dix louis par mois, sous condition qu'il ne la

gênerait point. » C'était décidément une vocation
chez M. de la Grandville que de chasser avec
succès sur les terres de M. de Cramayel.

Mademoiselle Miré n'avait pas été embarrassée
de se pourvoir ailleurs, et au mois de septembre
1784, elle avait la douleur de perdre un de ses
amants, nous ne savons trop lequel, car il serait
difficile d'établir la liste de tous ceux qui s'étaient
partagé ses bonnes grâces durant les trois années
écoulées depuis la retraite successive du fermier
général et de l'officier aux gardes françaises. Quel
que fût enfin ce malheureux défunt, les Parisiens,
qui rient de tout, rirent beaucoup de son trépas et
composèrent l'inscription suivante pour être gra-
vée en musique sur son tombeau :

MI RÉ LA MI LA

Une remarque pour finir. Métra, Bachaumont
et d'autres gazetiers ont parlé à l'occasion de
Mesdemoiselles Leclerc et Miré, comme filles à
la mode, il est vrai, plutôt que comme danseuses,
mais Grimm ne les nomme pas une seule fois dans
le cours de sa longue correspondance. Leur au-
rait-il gardé rancune de la mystification qu'on lui
avait infligée sous leur nom ?

CHAPITRE V

Mademoiselle Saulnier
et le Prince Kabardinski

Le corps de ballet de l'Opéra compta, à la fin du dix-huitième siècle, deux danseuses du nom de Saulnier, mais ces deux sœurs, dont l'une était sensiblement plus âgée que l'autre et avait beaucoup moins de talent, ne dansèrent jamais ensemble : l'aînée était déjà retirée du théâtre lorsque la cadette fut en âge d'y débuter. Mademoiselle Saulnier première était entrée comme surnuméraire, dans le courant de 1775, et était devenue figurante l'année suivante, aux modiques appointements de 500 livres, qui s'élevèrent par la suite à 800. Vers 1780, elle est portée sur les états sous le nom de Saulnier l'aînée, sans doute pour la distinguer de sa toute jeune sœur qui devait entrer à cette époque dans les classes de danse ou, comme on disait alors, au *magasin*. Deux ou trois ans après, la première des Saulnier abandonnait la carrière chorégraphique. Elle n'avait jamais pu jouer que les utilités au théâtre ; elle continua de les jouer dans la vie privée, auprès de sa sœur avec qui elle demeurait rue de la Lune, et qui était une des élèves favorites de Maximilien Gardel.

Mademoiselle Victoire Saulnier n'avait pas encore quinze ans, lorsqu'elle fut jugée digne d'un début officiel, et le jeudi 11 mars 1784, elle dansa pour la première fois dans le ballet du second acte de *la Caravane du Caire* : sa jeunesse, sa grâce et sa légèreté lui valurent un beau succès et un succès de bon aloi. M. de la Ferté écrivit aussitôt au baron de Breteuil : « La danseuse nouvelle, nommée la demoiselle Saulnier, a eu le plus grand succès vis à vis du public tant par sa figure que par les espérances d'un grand talent qu'elle a montré ; elle ne veut point d'appointements pour l'année prochaine, mais elle veut concourir pour

la première place : je doute que Mademoiselle
Dorlé, qui la demande à force, puisse l'emporter
sur une pareille concurrente ; le S. Gardel, son
maître et maître des ballets de l'Opéra, aura l'honneur, Monseigneur, de vous présenter lundi cette
débutante (1). » Heureuse entrevue qui devait
faire naître de si doux sentiments entre le ministre
et sa nouvelle sujette !

Dès le lendemain de ce début, le rédacteur du
Journal de Paris dit qu'il y a bien longtemps
qu'un sujet ne s'est présenté avec des avantages
aussi réels et aussi brillants ; puis, après avoir revu
danser la débutante, il ajoute : « Une figure
intéressante, jointe à une taille noble et majestueuse, la rend propre au genre grave qu'elle
paraît avoir adopté. On a remarqué de la souplesse
dans ses mouvements, de la grâce dans ses atti-
tudes, et en général un air imposant : toutes ces
qualités la font regarder comme un sujet de la
plus belle espérance. » *Le Mercure* décerne à la
débutante des éloges encore plus chaleureux sur
sa personne ainsi que sur son talent, et termine en
faisant vibrer la corde patriotique : « Nous ne
doutons pas qu'elle ne cultive, par le travail, des

(1) *Archives nationales*. Ancien régime. O¹ 626. Lettre de La
Ferté au ministre, du 12 mars 1784.

dispositions si heureuses, et que les leçons de M. Gardel l'aîné, à qui nous devons les progrès qu'elle a déjà faits, ne la mettent bientôt en état de nous consoler de la perte que nous regrettons encore, dans un genre de danse si difficile (le genre noble), si intéressant et d'autant plus précieux, que c'est un genre national, et dans lequel les danseurs de notre école n'ont point eu encore de rivaux. »

A la suite de ce brillant début, Mademoiselle Saulnier fut classée d'emblée parmi les premiers sujets, à côté de Mademoiselle Guimard, première danseuse de demi-caractère. Outre son talent, les circonstances l'avaient singulièrement servie. Elle avait eu le rare bonheur d'apparaître à un moment où l'administration de l'Opéra était fort embarrassée de pourvoir à deux places de premier sujet dans le genre sérieux et le genre comique, car la première était déjà sans titulaire et l'autre allait vaquer par la retraite de Mademoiselle Peslin. En effet, certain *Etat de tous les sujets du chant et des chœurs de l'Académie royale de musique, avec un précis sur leurs talents et leurs services*, état dressé peu avant Pâques 1784 et écrit presque en entier de la main de La Ferté, porte la note suivante pour Mademoiselle Peslin, première danseuse comique : « Elle est hors de combat, ce n'est que par complaisance pour Mesdemoiselles Saint-Huberti et Guimard qu'on l'a conservée depuis deux ans, mais elle est prévenue qu'elle doit se retirer à Pasques prochain (1). »

Nous lisons dans la même pièce les deux notes qui suivent :

Mademoiselle Dupré, danseuse de demi-caractère. L'on a fait venir cette danseuse de Naples, où elle occupait la première place ; elle a beaucoup réussi à

(1) *Archives nationales*;Ancien régime. O¹ 630. — Cette pièce entière a été publiée pour la première fois dans ma brochure : *Un potentat musical, Papillon de la Ferté ; son règne à l'Opéra de 1780 à 1790*, d'après ses lettres et ses papiers manuscrits conservés aux Archives de l'Etat et à la Bibliothèque de la Ville de Paris. Paris, Detaille, in-8, 1876, et rééditée dans mon ouvrage: *l'Opéra secret au XVIIIᵉ siècle*. (Paris, Rouveyre, 1880). — Voici, concernant Mademoiselle Peslin, deux anecdotes extraites du *Gazettier cuirassé* : « Mademoiselle Allard ayant eu de grosses paroles avec mademoiselle Pélin, sa rivale pour la danse, a imaginé dans un ballet bouffon de lui détacher quelques coups de pied assez adroitement pour ne pas être vue par le public; Pélin n'ayant pas eu l'adresse de les lui rendre, a riposté d'une croquignole à poing fermé, qui a indigné tous les spectateurs : Trial, le Breton (Berton) et Joliveau, qui sont juges nés de l'Opéra, ont condamné les deux amazones à faire le service de tout le tribunal, l'une pendant six mois, l'autre pendant un an. » — « Le prince de Cont.., ayant vu que l'Opéra le trompait et que ses pensionnaires lui étaient toutes infidèles, en a fait rayer douze de l'état de sa dépense : au moyen de cet arrangement, le sieur Guérin, chargé de son casuel, pourvoira extraordinairement aux besoins de ce prince, qui s'est restreint à mademoiselle Pélin et à deux figurantes. » Et l'écrivain ajoute en note : « Le prince a eu effectivement la magnificence d'avoir douze pensionnaires à l'Opéra, ce qui l'avait décidé à renoncer à sa musique et à ses grands soupers pour soutenir cette dépense, dont il s'est enfin soulagé comme de tout le reste. »

l'Opéra, mais sa taille n'est pas très avantageuse pour
la première place du genre sérieux où elle prétend ;...
on décidera à Pasques de son sort, mais il seroit à
désirer que l'on ne disposât pas encore de la première
place et que l'on attendît à l'année suivante, pour voir
s'il ne se présenteroit pas quelques sujets qui auroient
plus de dispositions pour remplir cette place.

Mademoiselle Gervais, danseuse comique. La place
de Mademoiselle Peslin lui est assurée pour Pasques,
et c'est justice ; cette danseuse est remplie de zèle, elle
est infatigable, ne se refuse à rien et danse, au besoin,
tout ce que l'on veut, et même plusieurs actes dans un
opéra. »

Il fut fait selon l'avis du surintendant des
Menus. A Pâques 1784, Mademoiselle Gervais,
ayant épousé un second violon de l'orchestre,
Pérignon, remplaça sous ce nouveau nom Mademoiselle Peslin comme premier sujet comique ; et
moins d'un an après, Mademoiselle Saulnier, cou-
pant l'herbe sous le pied à Mademoiselle Dupré,
était nommée première danseuse dans le genre
sérieux : le grand trio chorégraphique se trouvait
ainsi complet avec Mademoiselle Guimard.

Mademoiselle Saulnier sut rapidement conqué-
rir les bonnes grâces du ministre, le baron de
Breteuil, dont la protection ne pouvait lui être
inutile, bien qu'elle fût déjà parvenue au premier

rang. Cependant un conflit s'étant élevé entre elle et Mademoiselle Dorlé, ce ministre fut assez équitable pour maintenir la stricte application des règlements de l'Opéra contre la danseuse qu'il avait distinguée. Mademoiselle Dorlé, qui n'était que premier remplacement, s'étant trouvée indisposée, avait été remplacée par Mademoiselle Saulnier dans *Iphigénie,* et celle-ci se fondait sur ce remplacement pour conserver désormais ce pas et refusait de le rendre à sa camarade qui se retrouvait en état de danser. La Ferté, fort embarrassé de résoudre ce différent, le soumet au ministre qui se prononce en faveur de Mademoiselle Dorlé, dans sa lettre du 26 Février 1785. « Vous voudrez donc bien dire à la demoiselle Saulnier que mon intention est qu'elle renonce à la prétention de danser lundi prochain le pas de la première danseuse dans l'opéra d'*Iphigénie* et qu'elle le laisse danser à la demoiselle Dorlé, dont la réclamation est fondée. »

A quelque temps de là, Mademoiselle Dorlé souleva à son tour de jalouses prétentions contre sa camarade, et adressa un mémoire au ministre pour être promue au rang de premier sujet dans le genre sérieux, à l'égal de Mademoiselle Saulnier. Le Comité, réuni en assemblée ordinaire, le 11 juillet 1785, fit observer à ce sujet au ministre que « les premières places de la danse étant fixées au nombre de trois, sçavoir : la première pour le genre sérieux, la deuxième pour le demi-caractère, et la troisième pour le comique, il ne pouvait s'écarter du règlement, ni admettre la demande de Mademoiselle Dorlé, attendu que Mademoiselle Saulnier occupait la place de première danseuse dans le genre sérieux. » Fort de cet avis donné par le Comité en parfaite connaissance de cause, le ministre fit signifier à Mademoiselle Dorlé, dans une note assez sèche, « qu'elle eût à reprendre son service en qualité de remplacement de première danseuse pour le genre sérieux, qu'elle avait mal à propos interrompu depuis plusieurs mois et notamment depuis l'ouverture du théâtre. » Il ordonnait, en cas de refus, de la rayer de l'état des appointements de l'Opéra et aussi de celui des ballets du Roi. La danseuse fit d'abord un coup de tête et décida de quitter l'Opéra ; elle donna même sa démission pour prévenir le renvoi dont on la menaçait ; mais elle s'avisa tout aussitôt qu'elle avait trop demandé en voulant partager le premier rang avec une camarade honorée des faveurs du ministre, elle fit humblement amende honorable et conserva, par grâce, sa place de premier remplacement (1).

Francœur relate dans son journal différents traits qui, pour se rapporter à une époque postérieure de la carrière de Mademoiselle Saulnier, n'en sont pas moins curieux à noter. « 26 Mai 1788. Mademoiselle Saulnier, danseuse; M. Prieur retiendra ses appointements, à compter du 1er Mai, pour cause de grossesse. » Puis en addition : « Mais il en fut ordonné autrement et il ne lui

(1) *Archives nationales*; Ancien régime. O¹ 632, Rapports des 11 juillet et 2 septembre 1785.— Ces froissements d'amour-propre et ces disputes de priorité renaissaient presque chaque jour parmi les artistes chantants et dansants de l'Opéra. Le rapport du comité du 23 septembre de la même année signale encore un conflit du même genre. « Le comité a l'honneur de représenter au ministre que la dame Pérignon, avant sa grossesse, dansait en pas seul l'air cosaque d'*Iphigénie en Aulide*, qui fut réglé en pas de deux pour la demoiselle Langlois et le sieur Vestris, lorsque la dame Pérignon se trouva hors d'état de danser et absente du théâtre pendant près de huit mois, qu'il ne lui a été fait aucune retenue d'appointements. La dame Pérignon a, depuis sa rentrée au théâtre, demandé à reprendre son pas ; il lui a été observé qu'il serait malhonnête de proposer au sieur Vestris et à la demoiselle Langlois de ne plus danser leur pas de deux. A la dernière représentation d'*Iphigénie*, la demoiselle Langlois étant, pour cause de maladie, hors d'état de danser, on fit avertir madame Pérignon de reprendre son pas, elle refusa de le danser, quoi qu'elle n'eût d'autre raison que sa mauvaise volonté. Cette conduite répréhensible paraît au comité être dans le cas de l'amende prescrite par le règlement du Roy : le ministre est supplié de prononcer. » Le ministre se prononça, et écrivit en marge : *Approuve l'amende*, sans remarquer que cette décision était absolument contraire à celle prise dans la contestation absolument identique de mademoiselle Saulnier avec mademoiselle Dorlé.

fut rien retenu. » A rapprocher de ce paragraphe celui-ci, postérieur d'un an, qui explique au moins la rectification et cette atteinte portée au règlement : « 18 Mars 1789. Ce jour M. Dauvergne fit part à l'assemblée d'une lettre qu'il avait reçue de Monseigneur le duc d'Orléans, en date du 15, par laquelle il demande une prolongation d'un mois de plus sur le congé accordé, au comité du 23 Février, à Mademoiselle Saulnier pour son voyage de Londres. M. Dauvergne n'a pu se refuser à cette demande. » — La jolie protégée de Son Altesse pouvait prendre autant de congés et faire autant d'enfants qu'elle voulait, sans encourir ces retenues de traitements qu'on infligeait vers le même temps à ses camarades, Mesdemoiselles Zacharie, Du Closet et Langlois, pour *indisposition finale de neuf mois*, comme dit si agréablement Francœur (1).

Despréaux, juge compétent en la matière et qui devait doublement connaître les annales chorégraphiques de l'Opéra, puisqu'il y avait dansé luimême et qu'il avait épousé la Guimard, apprécie

(1) *Journal manuscrit de Francœur*, conservé aux archives de l'Opéra. On y trouve aussi mention de séances du comité (23 février et 2 mars 1789),dans lesquelles congé avec suppression d'appointements, du 1er mars au 15 may, est accordé à mademoiselle Saulnier et à M. Nivelon, pour aller danser à Londres.

ainsi le talent de la célèbre ballerine dans son
poème sur l'*Art de la Danse* :

> Et vous que la nature a faits pour le comique,
> Ne vous montrez jamais dans le genre héroïque ;
> A la belle Saulnier, à la svelte Miller
> Laissez ces pas savans que commande un grand air.

La danse de Despréaux devait valoir mieux que
ses vers, mais il prend au moins soin de justifier
son appréciation par la note suivante : « Mademoiselle Saulnier débuta à l'Opéra en 1785. Elle joi-
gnait à une superbe figure, une taille majestueuse.
Ce fut elle qui joua la première le rôle de Calypso
dans le charmant ballet de *Télémaque*, et celui de
Vénus dans *Psyché* et dans *Pâris* : elle ne laissait
rien à désirer. Mademoiselle Saulnier se retira du
théâtre en 1794 (1). »

Ce furent là trois des plus grands succès de
Mademoiselle Saulnier. Le premier de ces ballets,
Télémaque dans l'île de Calypso, de Pierre Gardel
et Miller, fut joué le 23 février 1790. Calypso se

---

(1) Dauvergne juge la danseuse avec un mauvais vouloir évi-
dent quand il dit simplement, dans son rapport secret à M. de
Villedeuil, que nous avons mis au jour : « *Mademoiselle Saulnier.*
Belle femme, mais médiocre danseuse, pour ne rien dire de plus. »
Voir notre brochure : *L'Opéra en 1788*, documents inédits extraits
des Archives de l'Etat (in-8o, chez H. Pottier de Lalaine, 1873),
republié dans notre *Opéra secret au XVIIIe siècle*. (Paris, Rouveyre,
1880).

changea en Psyché pour danser, le 14 décembre
de la même année, la *Psyché* des mêmes auteurs,
à laquelle on avait ajouté la célèbre ouverture de
Démophon, de Vogel, et qui obtint une vogue
assez grande pour être donnée près de douze cents
fois sans lasser le public. Le 5 mars 1793, enfin,
l'Opéra faisait trève à ses opéras apologétiques
sur la Révolution et la Liberté pour jouer un
grand ballet nouveau de Pierre Gardel et Méhul,
le Jugement de Pâris, qui fut la dernière victoire
remportée par Victoire Saulnier. Elle représentait
Pallas à côté de Mesdemoiselles Aubry et Clotilde (Junon et Vénus) ; de Mesdemoiselles Chevi-
gny (Œnone), Delisle, un Amour aussi malin que
gracieux, de Mesdemoiselles Coulon, Duchemin,
Colomb, Saint-Romain, Aimée, etc. Quant au
berger Pâris, c'était le grand, l'unique, l'incomparable Auguste Vestris.

Si applaudie que fût tour à tour Calypso, Psyché ou Pallas, ces éclatants triomphes ne devaient
pas effacer, pour Mademoiselle Saulnier, le souvenir de son premier succès, alors qu'un délicieux
pas de quatre, dansé par elle avec Vestris, Gardel
et Mademoiselle Langlois, faisait la fortune de ce
misérable opéra-bouffe, *Panurge dans l'île des
Lanternes,* dû à la collaboration du comte de Pro-

vence et de Morel de Chêdeville; la musique de
Grétry n'y ajoutait pas grand charme. Il y avait
déjà longtemps de cela, car cet opéra datait de
janvier 1785 et suivit de près le périlleux voyage
effectué par les aéronautes Blanchard et Jefferies
au-dessus du Pas-de-Calais. D'où le quatrain suivant, entre mille autres épigrammes, caricatures
et chansons qui plurent sur Morel et son *Panurge* :

Voyez à quoi tient le succès !
Un rien peut élever comme un rien peut abattre,
Blanchard était perdu sans le Pas de Calais,
Et Morel sans le pas de quatre.

Mademoiselle Saulnier cessa de danser aux
vacances de Pâques 1794, pour employer le vieux
style admis avant la Révolution. Elle avait, au
moment de sa retraite, un traitement de 10.000 fr.
ainsi répartis : 3.000 fixes, 4.000 de gratification
annuelle, et 3.000 de gratifications trimestrielles ;
depuis le jour de sa réception comme première
danseuse noble jusqu'à l'année qui précéda son
départ, ses appointements étaient restés fixés à
7.000 livres, mais il y avait eu alors une augmentation générale sur tous les traitements, motivée
sans doute par l'enchérissement de toutes choses.
Depuis 1789, elle partageait la place de premier

sujet dans le genre sérieux avec une nouvelle venue qui avait débuté en septembre 1786, Mademoiselle Rose Miller, qui devint par la suite Madame Gardel et qui avait absolument les mêmes émoluments. La remplaçante de Mademoiselle Saulnier fut une jeune et jolie personne engagée seulement de l'année précédente, charmante danseuse et femme plus séduisante encore, la belle Clotilde que Boieldieu épousera, pour son malheur, en un jour de délire passionnel, et qui est restée aussi célèbre par ses succès d'artiste que par ses exploits amoureux (1).

Vers 1785, c'est-à-dire à l'époque même où Victoire Saulnier faisait de si brillants débuts, deux lieutenants de qualité, âgés tous deux de vingt-sept ans, MM. Fortia de Piles et de Boisgelin de Kerdu, tenaient garnison à Nancy avec le régiment du Roi (infanterie), et s'ennuyaient fort dans l'ancienne capitale de Stanislas, qui ne pouvait lutter avec le délicieux souvenir de ce Paris, doublement regrettable pour des hommes du monde et des hommes d'esprit. Le premier des deux amis

(1) Il y eut bien d'autres danseurs et danseuses du nom de Saulnier à l'Opéra tant à la fin du dix-huitième siècle qu'au commencement du dix-neuvième. C'est une véritable dynastie chorégraphique qui fait l'objet d'une notice spéciale, placée en appendice à la fin du présent volume.

était né à Marseille le 18 Août 1758. Chevalier de Malte dès sa naissance et pourvu, à l'âge de neuf ans, de la charge de capitaine gouverneur-viguier de Marseille en survivance de son père, il ne fut reçu en cette qualité qu'à dater de 1779. Il entra au service le 1er octobre 1773, dans les chevau-légers du Roi et en juin 1776, dans le régiment d'infanterie du Roi, où il était lieutenant en premier et chevalier de Saint-Louis, lorsque ce régiment fut licencié, en 1790, après les affaires de Nancy. Le second, né aussi en 1758, à Plélo, dans le diocèse de Saint-Brieuc, s'était proposé d'abord de suivre la carrière ecclésiastique et était entré au séminaire de Saint-Sulpice; mais des changements survenus dans sa famille le déterminèrent à prendre le métier des armes : il avait été nommé alors sous-lieutenant au régiment d'infanterie du Roi, où il avait trouvé Fortia de Piles. L'âge avait rapproché ces jeunes gens qui s'unirent bientôt d'une vive amitié, qui émigrèrent ensemble, après le licenciement de leur régiment, pour voyager pendant deux ans dans le Nord de l'Europe; qui comptèrent enfin, jusqu'à leur mort, parmi les serviteurs les plus dévoués et les plus actifs de la cause royale.

Les deux amis ne savaient comment tuer le

temps à Nancy, ni comment charmer les loisirs de leur vie de garnison. Fortia de Piles, qui s'était livré naguère avec passion à l'étude de la musique et qui avait appris la composition sous Ligori, écrivait bien à l'occasion quelques opéras-comiques qu'il faisait jouer au théâtre de Nancy : *la Fée Urgèle, Vénus et Adonis, le Pouvoir de l'Amour, l'Officier français à l'armée;* mais cette occupation ne délassait qu'un temps son ennui et ces distractions musicales étaient trop fugitives à son gré.

A force de se creuser la tête et de chercher quelque nouveau délassement, nos jeunes officiers imaginèrent de mettre en commun leur esprit inventif et d'expédier, sous le pseudonyme collectif de Caillot-Duval, des lettres louangeuses et des épîtres fantaisistes, espérant que l'amour-propre ou la naïveté leur vaudraient quantité de réponses des plus amusantes et qui les mettraient en joie, eux et leurs camarades. Le premier essai qu'ils firent de ces mystifications épistolaires réussit au delà de leurs espérances et leur prouva qu'ils n'avaient pas trop compté — bien au contraire — sur la vanité ou la crédulité humaines : ravis de ce premier succès, ils étendirent bien vite le cercle de leurs opérations et menèrent de front plusieurs correspondances avec des gens de tout état, de tout esprit, de toute condition (1).

Les sœurs Saulnier comptèrent parmi les premières victimes de Caillot-Duval, et la mystification qu'il imagina à leur endroit réussit au point de lui inspirer les fantaisies les plus bouffonnes. Mais elles ne furent pas les seules personnes auxquelles il s'attaqua dans le monde du théâtre. Le premier, par ordre de date, est le célèbre baryton de l'Opéra, Laïs. Caillot-Duval lui exprime, sur tous les tons, l'enthousiasme, l'admiration profonde qu'il ressent pour des talents supérieurs qui n'ont jamais éclaté plus hautement que dans le rôle de Panurge et s'adresse à lui « comme au premier chanteur de l'Europe » pour avoir son avis sur les artistes italiens Davide et Babini, et aussi sur le chant italien comparé au chant français : quant à lui, il pense, tout en applaudissant

(1) Dès qu'il fut rentré en France, après la Terreur, Fortia de Piles n'eut rien de plus pressé que de publier toutes les lettres écrites par lui de Nancy, même celles qui avaient fait long feu, et toutes les réponses adressées à Caillot-Duval. Ce livre, aujourd'hui rarissime, n'est plus connu que de quelques bibliophiles raffinés : c'est pourtant un des plus divertissants qu'on puisse voir. Il porte pour titre exact : *Correspondance philosophique de Caillot-Duval*, rédigée d'après des pièces originales et publiée par une Société de littérateurs lorrains, avec cette épigraphe : « Ne vous étonnez pas de voir les personnes simples croire sans raisonnement. *Pensées de Pascal*, chap. VI. » A Nancy, et se trouve à Paris, chez les marchands de nouveautés, 1795.

aux tours de force de Davide, qu'un excellent
chanteur français en ferait autant en huit jours et
que cette profonde vénération usurpée par l'Italie
n'est plus qu'un vieux préjugé qu'on secouera tôt
ou tard. Sans que sa modestie s'effarouchât de
cette qualification de premier chanteur de l'Europe, Laïs répondit en abondant dans le sens de
son correspondant et se déclara capable de faire
en quinze jours ce que Davide et autres avaient
mis quinze ans à apprendre. » Et nos jeunes officiers de s'amuser follement d'un si beau succès.

Peu après, c'est à Dorsonville, le chanteur de
la Comédie Italienne, que s'adressait le facétieux Caillot-Duval. Après avoir célébré la « manière brillante et sublime » dont il a entendu Dorsonville parler de l'art du comédien, il « prend la
liberté et se fait l'honneur » de le consulter sur un
petit différend arrivé au cabinet littéraire de
Nancy et qui a amené un pari assez considérable :
le rôle de Pierrot, dans *le Tableau parlant*, doit-il
être joué avec un sérieux affecté ou en charge
comique ? Jusque-là rien que de fort naturel, mais
où la plaisanterie commence, c'est lorsque Caillot-
Duval, bien que se rappelant l'avoir vu joué en
charge par Dorsonville et croyant qu'un tel exemple doit faire loi, exprime le désir, pour plus de

sûreté, de recevoir une attestation signée de quelques membres du théâtre. Sur ce, le naïf comédien provoque une assemblée de ses camarades pour résoudre cette grave question, et quelque temps après, Caillot-Duval recevait l'attestation suivante: « Aucun rôle de Pierrot ne porte de sérieux, et la pièce ayant pour titre *parade,* le Pierrot doit nécessairement soutenir le titre de la pièce, sans cependant le jouer en très grande charge, ce qui s'évite avec le plus grand soin. J'ai l'honneur d'être, Monsieur, avec considération, etc... Fait en la salle d'assemblée. Signé : Dorsonville, Favart, Camenari, semainiers (1). »

Dans le même temps, Caillot-Duval écrivait à l'illustre, au grand, à l'incomparable Nicolet, pour lui proposer trois petits ouvrages de sa façon, qu'il espère devoir ne pas le laisser indifférent, soit dit sans vanité. Il suffit, dit-il, d'en citer les

(1) Dorsonville chantait les hautes-contre à la Comédie-Italienne. Il avait débuté avec succès, le 22 juin 1777, par les rôles de Tom Jones dans l'opéra de ce nom, de Philidor, et d'Azor dans le *Zémire et Azor* de Grétry. Reçu sociétaire en 1779, il se retira en 1797, après vingt ans de service, avec la pension. De 1777 à 79, il occupait la place de « récitant » au Concert spirituel. Il venait évidemment de province quand il parut à Paris et devait n'être pas sans talent puisqu'il fut reçu sociétaire deux ans après son début ; mais il n'est pas à croire que ce fût un artiste bien original, d'abord parce qu'il n'a laissé aucune trace, puis parce qu'il demeura au second rang et qu'il eut toujours devant lui soit Clairval, son devancier, soit Michu, entré en même temps que lui, soit Ellevion, qui n'arriva que plus tard.

titres pour en donner bonne opinion ; mais, auparavant, il croit devoir prévenir le directeur que ces trois pièces lui ont été demandées par un prince étranger, pour être représentées le jour du mariage de sa chère fille, mais qu'il aurait regardé comme une indignité de priver sa patrie des prémices de sa verve et de son talent théâtral. « Voici donc le nom des pièces. La première est dans le genre burlesque ; mais j'y ai glissé adroitement un épisode, qui fera dresser les cheveux, et pourra servir de morale : c'est *le Marchand de coco, dit Mauricaud, à Mexico,* enrichi des épisodes de Guatimozin sur le gril et de Montézuma faisant KK dans ses draps : je vous réponds de l'effet de ce dernier morceau où j'ai pourtant gazé tout ce qui doit l'être. La seconde pièce est du genre sérieux et larmoyant, dans le goût du drame ; mais j'ai trouvé moyen d'y insérer une sortie assez plaisante sur Messieurs de l'Observatoire. Le titre en est : *le Duel de Copernic et de Ticho-Brahé.* Reste la pantomime, qui est, j'ose le dire, mon chef-d'œuvre : c'est *le Siège et la Prise de Bergame par les Macaronis,* sous les ordres du général Parmesan, escorté de ses aides de camp, les sieurs Hollande, Gruyères, Montdor et de Brie, qui avait le pot en tête, comme à son ordinaire... »

Cet auteur méconnu termine en disant qu'il ne demande pas d'honoraires et que, travaillant pour la gloire, il se contentera d'obtenir ses entrées au spectacle de Nicolet comme rémunération de ces trois chefs-d'œuvre. Plus d'un mois s'étant écoulé sans amener de réponse, Caillot-Duval relance Nicolet par une nouvelle lettre, et, jouant la surprise du silence prolongé d'un homme « aussi instruit que bien famé », il lui exprime ses regrets d'avoir dû se défaire du *Marchand de coco* et du *Duel de Copernic* en faveur d'un prince allemand qui vient de se marier avec une dame polonaise, et lui recommande de se hâter s'il veut avoir sa grande pantomime que le théâtre de Drury-Lane a déjà demandée. Cette fois, Nicolet fit répondre par son secrétaire qu'il avait trop de pièces et de pantomimes en réserve pour en accepter de nouvelles et il s'excuse aussi de ce que sa première lettre ne soit pas parvenue à Nancy, — car il n'avait pas manqué de répondre.

Il arrivait parfois, mais très rarement, que les personnes ainsi relancées ne répondaient pas et que la mystification tournait à la confusion du mystificateur. C'est ce qui lui arriva avec Madame Dugazon, de la Comédie Italienne, et Mademoiselle Laurent, de la Comédie Française. Il s'offre

à la première comme un fameux médecin suisse,
élève du célèbre Schuppac, plus connu sous le
nom de Médecin de la Montagne, dont il a re-
cueilli tous les secrets à sa mort ; il lui propose
donc de la guérir d'une terrible maladie qui pourrait priver la capitale d'aussi sublimes talents et
lui conseille de s'ouvrir à lui comme à un confes-
seur, de lui dire son état actuel, si elle est grosse,
si elle l'a été plusieurs fois, si elle a eu quelque
accident dans ses couches ou sa santé. N'ayant
pas reçu de réponse au bout d'un mois, le prétendu docteur revient à la charge et s'indigne que
la chanteuse ait pu le prendre pour « un de ces
charlatans qui parcourent le royaume et montent
sur des tréteaux pour distribuer, à tort et à travers,
des fioles qu'une foule imbécile s'empresse d'acheter » ; il lui recommande enfin de se hâter, car il
serait déjà parti sans deux cures capitales qui le
retiendront encore quinze jours. Madame Dugazon ne répondit pas davantage, et le mystificateur
se montre assez piqué de cet échec pour insinuer
dans une note que ce silence obstiné est une preuve
tacite de cette maladie qu'il ne faisait que soupçonner. Ce qui donne occasion à l'éditeur — l'auteur et l'éditeur ne font qu'un — de détruire ces
vilains soupçons de l'auteur, et d'approuver fort

Madame Dugazon de n'avoir pas perdu, pour répondre à une lettre impertinente, un temps précieux qu'elle pouvait mieux employer à *toute autre chose*.

Auprès de Mademoiselle Laurent, Caillot-Duval se fait passer pour un jeune provincial qui se trouve sur le point de manquer un mariage magnifique, parce que de méchantes langues ont dit à la mère de sa future qu'il avait mené naguère une vie scandaleuse dans la capitale et qu'il avait entretenu un commerce illicite avec cette comédienne. « Je ne puis m'accuser, dit-il, que de vous avoir applaudie souvent, et je ne crois pas que ce soit un crime ; si c'en est un, je l'ai partagé avec tout Paris. J'ai récapitulé toutes mes actions, et je ne vois rien qui puisse avoir donné lieu à l'accusation positive qu'on m'a intentée ; si ce n'est (il faut tout dire dans un cas aussi sérieux) qu'un soir, pressé par un besoin qui peut arriver à tout le monde, je me suis précipité dans votre allée, où j'ai resté à peine deux minutes ; car (pour ne vous rien céler) le maître perruquier m'a interrompu, et j'ai été forcé de gagner au pied (1). Or, il est bien

---

(1) Mlle Laurent habitait alors rue des Fossés-Monsieur-le-Prince actuellement rue Monsieur-le-Prince) dans la maison d'un maître perruquier, au quatrième étage, sans doute parce que le duc de Lauzun aimait les appartements en belle vue et en bon air. L'année

certain que quelque expéditifs que nous puissions être, vous et moi (et je vous avoue que je le suis fort), jamais un aussi court espace de temps n'eût pu suffire pour pénétrer jusqu'au sanctuaire élevé que vous habitiez, et surtout pour légitimer l'accusation qui fait aujourd'hui le malheur de ma vie. Il serait bien malheureux qu'un jeune homme comme moi manquât un parti aussi sortable, pour une niaiserie de cette espèce. Tout ce que je puis alléguer pour ma satisfaction est inutile : on ne croira rien sans une lettre de votre part ; vous êtes trop juste pour vouloir me perdre, et j'ose espérer que vous ne me ferez pas attendre une réponse qui doit décider de mon sort... »

Ne recevant pas de réponse à cette lettre, le mystificateur combina l'intrigue la plus compliquée pour déjouer les soupçons de Mademoiselle Laurent, si elle en avait, et la forcer à rendre le témoignage qu'on lui demandait. Il imagina de faire passer ce Caillot-Duval pour son propre neveu et d'intéresser à ce malheureux jeune homme, ainsi ruiné dans ses projets d'alliance et

suivante (1785), elle allait demeurer rue des Fossoyeurs nº 26. Cette rue du Fossoyeur ou des Fossoyeurs avait été nommée ainsi parce que le fossoyeur de la paroisse Saint-Sulpice y demeurait ; ses plus anciens noms étaient du Pied de Biche et du Fer à Cheval, qu'elle tenait sans doute de deux enseignes : c'est aujourd'hui la rue Servandoni.

de bonheur, son excellent ami Barth, lequel s'api-
toya fort sur le sort de Caillot-Duval et confia la
chose à un M. de R.... Celui-ci n'eut rien de plus
pressé que d'en parler à un artiste de la Comédie
Française, Dazincourt, homme aussi estimable
que comédien distingué, lequel décida Mademoiselle Laurent à lui adresser à lui-même une lettre
pour démentir cette calomnie. La comédienne
écrivit donc à son camarade un petit billet où elle
assurait n'avoir jamais entendu parler de Caillot-
Duval avant de recevoir cette lettre, qu'elle avait
jugé être une trop mauvaise plaisanterie pour mériter une réponse, et elle terminait ainsi : « D'ailleurs, ma conduite est trop connue pour que l'on
puisse rien dire sur mon compte, dont la fausseté
ne soit promptement prouvée ; je vous prie donc,
mon cher camarade, de rassurer les parents de
M. Duval, et de leur dire que je n'ai jamais eu
aucun commerce avec lui, et que je prends de bon
cœur l'engagement de n'en avoir jamais... »

Dazincourt remit cette lettre à M. Barth qui la
transmit à Fortia de Piles, pour la faire parvenir
au malheureux fiancé. Ce qui ajoutait au comique
de la chose, c'est que l'original du billet n'était
pas, paraît-il, de la main de Mademoiselle Laurent, mais de celle du duc de Biron, alors duc de

Lauzun, qni se trouva *par hasard* chez la comédienne pour lui servir de secrétaire : cet échantillon n'était pas fait pour donner une haute idée de son style épistolaire et des leçons que lui donnait sa maîtresse. Caillot-Duval, voyant sa ruse éventée par Mademoiselle Laurent, comme il était déjà arrivé avec Madame Dugazon, voulut au moins avoir le dernier mot avec elle et lui adressa une nouvelle lettre des plus comiques. Il joue d'abord l'indignation et s'étonne qu'une personne qui doit aussi bien connaître le langage décousu de l'amour et bien d'autres choses trop délicates à dire pour tout autre que Caillot-Duval, ait pu taxer de plaisanterie une lettre qui n'était que l'explosion d'un cœur passionné. Il la remercie ensuite d'avoir dissipé les calomnies par cette lettre adressée à un sien ami qu'il n'a pas l'honneur de connaître et poursuit avec le plus grand sérieux du monde :

« Mon innocence était bien connue dans tout le quartier ; mais que ne peut la calomnie, avec sa langue de vipère ! Elle a attaqué jusqu'à votre réputation, qui est pure et limpide comme de l'eau de roche. Enfin je vous dois le bonheur dont je vais jouir ; c'est vous qui m'ouvrez la voie dans laquelle je me précipiterai le lendemain de l'Epiphanie. Pour vous témoigner l'étendue de ma reconnaissance, je vous dirai qu'il y a dans ce pays plusieurs choses très renommées, que voici : boudin blanc et noir, grosse andouille, saucisses longues et plates, oreilles de cochon à la gelée, chandelles moulées et boules d'acier. Je serais trop heureux que vous daignassiez m'indiquer ce qui vous sera le plus agréable, et comptez que je mettrai tous mes soins à vous servir promptement. Le *Journal de Paris* m'a instruit de votre réception : cet honneur était bien dû à vos talents, et aurait même pu, sans injustice, arriver plus tôt ; je vous prie d'en recevoir mon compliment et d'être bien persuadée de tous les sentiments affectueux et respectueux avec lesquels j'ai l'honneur d'être, ma belle demoiselle, votre, etc...

« *P.-S.* — Je ne puis m'empêcher de revenir sur un article de votre lettre qui m'a paru un peu hasardé : vous dites que vous prenez de bon cœur l'engagement de n'avoir jamais rien de commun avec moi ; soit dit sans vanité, je vois que vous ne me connaissez pas, et il viendra peut-être un moment et des circonstances où vous renoncerez à cet engagement, encore de meilleur cœur que vous ne l'avez contracté, car vous savez qu'il ne faut jurer de rien dans la vie, et que les extrémités se touchent (1). »

Tout cela était fort drôle, mais n'empêchait pas que l'adroit mystificateur eût été battu par Madame Dugazon et Mademoiselle Laurent. Il pouvait, il est vrai, se consoler de ce double échec en voyant de quelle façon son stratagème avait réussi auprès des demoiselles Saulnier et en poursuivant de ce côté une comédie qui atteignit rapidement des proportions inattendues. Aussi bien Caillot-Duval avait-il adopté la meilleure tactique pour ne pas échouer auprès de danseuses d'Opéra : il ne parle plus de médecine ni de mariage, mais d'argent, toujours d'argent. Il se donne comme le secrétaire très intime d'un prince tatar immensément riche, qui abandonne des pays barbares pour venir se former sur les bords de la Seine et qui veut, dès avant son arrivée dans la capitale, y avoir une maîtresse en titre qu'il paiera très cher, mais qui lui fera grand honneur. La proposition est d'abord assez bien accueillie, mais Mademoi-

(1) Mlle Laurent avait débuté à la Comédie, le 20 janvier 1784, par les rôles d'Agnés, dans *l'Ecole des Femmes*, et de Julie, dans *la Pupille*. Elle avait joué ensuite Lucile, des *Dehors trompeurs*, Adélaïde de *la Gageure imprévue*, Sophie du *Père de Famille*, Angélique des *Fausses infidélités* et Julie des *Mœurs du temps*. Reçue aussitôt actrice à pension, elle avait été nommée sociétaire à la fin de l'année suivante : c'est ce dont Caillot-Duval la félicite dans sa lettre du 20 décembre 1785.

selle Saulnier l'aînée, femme d'expérience s'il en fut et qui connaît mieux le cœur des hommes que l'orthographe, ne mord pas avidement à l'hameçon ; elle tourne autour, cherchant à découvrir s'il ne cache pas quelque piège. Certes l'aventure est peu vraisemblable, mais la fortune a de ces invraisemblances et les étrangers sont déjà renommés dans notre monde galant pour leur caractère fantasque et leurs folles largesses. N'y eût-il qu'une chance pour que cette proposition fût vraie, pourquoi la dédaigner lorsqu'il n'en coûte que quelques ports de lettres ? C'est bien ainsi que l'entendent les sœurs Saulnier, mais, en rusée commère, l'aînée des deux demoiselles se charge de négocier l'affaire au nom de sa sœur, de façon que celle-ci, sur qui repose l'espoir et la fortune de toute la famille, ne soit aucunement compromise, s'il y avait là-dessous quelque manœuvre préjudiciable à ses intérêts. Tout au plus la cadette ajoutera-t-elle quelques lignes de sa main à la première réponse de sa sœur, afin de ne pas rebuter l'hommage de ce généreux étranger.

Les premières lettres échangées s'expliquent d'elles-mêmes :

A Mademoiselle S...., de l'Opéra de Paris (1).
(Incluse dans la suivante.)

Dresde, le 12 Octobre 1785.

La haute réputation, Mademoiselle, dont vous jouissez à si juste titre, n'est pas bornée à la France seule ; elle a pénétré jusqu'aux glaces du Nord. Vous le croirez sans peine, si vous vous rendez justice. Vos talens supérieurs, vos grâces nobles et piquantes subjugueroient le cœur le plus insensible. J'en viens au fait, Mademoiselle : retenu dans une cour d'Allemagne, je compte n'être à Paris que dans le mois de Janvier. Je ne vous demande point de préférence exclusive, mais simplement de me recevoir avec bonté. J'ai l'amour-propre de croire que lorsque j'aurai l'avantage d'être connu de vous, mes tendres sentimens vous arracheront un aveu qui fera le bonheur de ma vie.

Mon **chambellan**, qui est avec mes équipages à Nancy, pour y attendre la princesse mon épouse, qui doit y passer l'hiver, vous fera parvenir ma lettre.

Nancy, le 1er Novembre 1785.

Telle est, Mademoiselle, la lettre que Son Altesse m'ordonne de vous faire passer : je ne vous l'envoie pas en original, ses ordres portant expressément de la faire copier ; elle a les plus grands ménagements à garder jusqu'à son arrivée en France. Monseigneur

---

(1) Mlle Saulnier demeurait alors (1785) rue de Lune, avec sa sœur, tout près de l'Opéra, installé à la Porte-Saint-Martin. En 1786, elle alla habiter au Marais, rue Portefoin, n° 4; elle n'en partit qu'en 1793, pour aller rue de Bondy, 22. L'année suivante, Mlle Saulnier quittait l'Opéra qui se transporta au théâtre de la Montansier, rue de Richelieu ou de la Loi, le 7 avril 1794.

compte se fixer à Paris jusqu'au mois de Juillet ; de là revenir à Plombières, où il rejoindra la princesse son auguste épouse, dont l'état ne lui permet pas de se rendre à Paris, et qui passera l'hiver ici.

Je ne vous parle pas du personnel de Son Altesse ; vous en jugerez : si vous voulez me témoigner de la confiance, je vous donnerai, avec franchise, tous les détails que vous pourrez désirer. Je suis attaché au prince depuis son enfance ; je l'ai vu naître, et il n'a rien de caché pour moi ; je vous dirai même que c'est à moi que vous devez cette bonne fortune. J'ai eu le plaisir de vous voir plusieurs fois, il y a deux ans : Quoique je ne vous aye jamais parlé, je vous rappellerai des circonstances qui vous en feront ressouvenir.

Vous voudrez bien m'adresser votre réponse ici, et y joindre celle pour le prince cachetée avec enveloppe. Il ne veut se nommer que lorsqu'il connaîtra vos sentiments favorables ou contraires ; il sent, ainsi que moi, que vous pourriez avoir des engagements impossibles à rompre.

J'ai l'honneur d'être, etc...

Caillot-Duval.

Double Réponse.

Paris, le 3 Novembre 1785.

Je fais un effort sur moi-même pour répondre à ce que vous daignez me faire écrire : je suis pénétrée d'un pareil honneur ; la lettre de ma sœur expliquera mieux mes sentimens.

Monseigneur,
    de Votre Altesse
        la très humble servante

S....., *cadette.*

Paris, le 3 Novembre 1785.

L'état où se trouve ma sœur ne lui permet pas d'écrire en ce moment. Le dernier voyage qu'elle vient de faire à Fontainebleau lui a causé des fièvres violentes qui la retiennent dans son lit ; elle a été seignée quatres fois. Sans cela elle auroit l'honneur de répondre au prince qu'elle ne connoît pas encore, mais que les choses flatteuses qu'il lui fait dire lui font bien désirer de le connoître. Des procédés si honnaites pourroient bien faire naître dans son cœur des sentimens qu'elle n'a pas encore éprouvé. Nous espérons, Monsieur, de votre bonté, ma sœur et moi, que vous ne nous laisserez pas attendre avec impatience une réponse dans laquelle, surtout vous, n'oublierez pas des circonstances que vous nous promettez ; nous vous prions, Monsieur, de vouloir bien croire qu'on ne peut rien ajouter aux sentimens de reconnaissance et de respet avec lesquels nous avons l'honneur d'être vos très humbles servantes.

S....., l'aînée.

A Mademoiselle S... cadette, de l'Opéra.

J'ai reçu, Mademoiselle, votre lettre du 3, et celle de Mademoiselle votre sœur ; j'ai fait partir sur le champ la vôtre pour Manheim, où le prince doit être depuis avant-hier ; j'y ai joint une copie de celle de Mademoiselle votre sœur. Si Son Altesse est satisfaite, comme je n'en doute pas, de la célérité que vous avez mise à lui répondre, elle sera bien touchée de l'état fâcheux dans lequel vous vous trouvez ; j'espère que vous m'informerez exactement des suites de votre maladie, qui ne peut être produite que par la fatigue du voyage de

Fontainebleau ; et je compte que votre première lettre m'apportera des nouvelles satisfaisantes.

Je ne doute pas de recevoir, sous très peu de jours, une lettre du prince pour vous ; en attendant, voici les détails que je crois pouvoir vous donner, d'après mes conversations avec lui. Quoiqu'il soit naturellement très généreux, il se trouve un peu gêné dans ce moment-ci, parce qu'il s'empresse de liquider toutes les dettes que son père avoit contractées avec le roi de Prusse, monarque aussi peu galant que créancier exigeant. En conséquence, voici à peu près ce que je crois pouvoir vous assurer qu'il fera pour vous : j'aime mieux vous dire moins que plus.

D'abord il veut une petite maison, seule, s'il est possible (pour vous s'entend), aux environs des boulevards ; il y mettra mille écus ; il la garnira de six à huit mille francs de meubles, habillera deux laquais et un cocher, donnera une diligence et deux chevaux, le tout de cinq à six mille francs ; de plus, vous aurez cinquante louis par mois, et votre maison sera défrayée de tout. Je ne vous parle pas des petits agréments, tels que des loges aux spectacles, et des cadeaux courants : voilà ce dont je suis sûr. Je n'entre dans tous ces détails qu'afin que vous sachiez sur quoi compter : je sais que l'intérêt n'est qu'une chose bien secondaire et que c'est le sentiment seul qui doit décider de tout ; je vous prie même de me garder le secret, puisque j'agis de mon chef, et à l'insu du prince, qui m'en sauroit peut-être mauvais gré, vu que sa méthode est de chercher à gagner et captiver les cœurs.

Lorsqu'il vous sera connu, vous serez forcée de convenir qu'il a bien réellement le sentiment épuré de l'amour.

Faites-moi le plaisir de remettre à Mademoiselle votre sœur la lettre ci-jointe : la sienne est si joliment écrite, que je n'ai pu m'empêcher de lui en faire mon compliment ; j'entrevois qu'elle doit être fort aimable.

Vous avez oublié de cacheter votre lettre pour le prince, comme je vous l'avois recommandé ; souvenez-vous-en pour la première qui contiendra beaucoup de choses que je suis censé ignorer.

J'ai l'honneur d'être, etc...

CAILLOT-DUVAL.

A Mademoiselle S... l'aînée, à Paris.

(Incluse dans la précédente.)

Nancy, le 11 Novembre 1785.

Je vous avoue, Mademoiselle, que votre lettre m'a enchanté ; elle m'inspire le plus grand désir de faire votre connaissance, et je suis persuadé que votre société ne peut être qu'infiniment agréable. Que j'aime à voir deux sœurs vivre en aussi bonne intelligence ! Cela fait l'éloge de vos cœurs. Comme vous me semblez avoir toute la confiance de votre aimable sœur, je vais m'ouvrir à vous sur certains points délicats, auxquels j'espère que vous me répondrez avec la même franchise.

J'ose espérer que vous n'avez pas pris de moi une idée défavorable ; la démarche que je fais aujourd'hui n'a pour principe que l'amitié la plus pure, et la moins susceptible de soupçons fâcheux. Soit dit entre nous, je désirerois bien que vous voulussiez me faire connoître le caractère de Mademoiselle votre sœur ; quels sont ses goûts, le genre de ses sociétés (article essen-

Mlle DUBY

tiel). Le prince est la douceur et la bonté même ; il est gai et ouvert · son faible (il est bien pardonnable) est de vouloir être aimé. C'est un modèle de constance, du moment qu'on lui plaît : il faut pour cela des attentions soutenues, et lui témoigner un attachement et une confiance sans bornes. Pour vous en donner un exemple, il a passé trois ans avec une Française réfugiée, dont il a une fille. Leur amour n'a été troublé que par la mort de cette tendre et chère amante, qui a rendu le dernier soupir dans ses bras. Il s'est écoulé quatre ans depuis cette terrible catastrophe : il a pris sur ses revenus annuels une somme de 25.000 florins pour compléter 190.000 qu'il vient de placer sur la tête de ce précieux enfant, qui a à peine cinq ans. Son mariage, qui s'est fait dans cet intervalle, a calmé, pour un moment, sa douleur : enfin, la raison est venue à son secours, et, comme son cœur a besoin d'aimer (son mariage étant une affaire de convenance trop ordinaire parmi ses pareils), je lui ai parlé de Mademoiselle votre sœur ; d'après le portrait que j'en ai fait, il s'est décidé sur le champ. Surtout, n'oubliez pas les renseignemens que je vous demande ; de plus, dites-moi si vous habitez avec tous vos parens, et si vous et votre sœur consentez à les quitter ; car l'intention de Son Altesse est qu'il n'y ait que votre sœur dans la maison qu'il lui destine : mais je me charge d'arranger les choses pour que vous y habitiez aussi ; cela sera même plus convenable, pour elle, et plus agréable pour vous.

N'oubliez pas de recommander à votre sœur de m'envoyer la lettre pour le prince, cachetée et sous enveloppe : elle peut s'expliquer en toute confiance ; il suffira qu'elle mette sur l'adresse : *Pour Son Altesse.*

J'ai l'honneur d'être, etc... CAILLOT-DUVAL.

14

Réponse.

Paris, le 15 Novembre 1785.

Monsieur,

Je suis bien flattée de la bonne opinion que vous voulez bien prendre de moi : cela cependant ne me donnera point d'amour-propre, parce que je suis bien éloignée de penser qu'il n'y ait que nos chevaliers français de galans ; ce sont des complimens auxquels on doit s'attendre quand on écrit à un homme d'esprit.

Vous désirez de me connoître, Monsieur, en cela nos désirs sont réciproques. Comment avez-vous pu penser que peut-être nous aurions sur votre comte des sentimens différens de ceux que le rang que vous occupez et les bons offices que vous voulez nous rendre doivent faire naître dans nos cœurs ?

Quel que soit le motif qui vous et fait écrire ces lettres, n'importe, c'est un amour de roman qui me plairoit assez, mes en vérité vous ête bien répréansible de nous avoir tu le nom du héros. Vous conaisez la curiosité des femmes et vous n'avez pas encore satisfet à la nôtre. Vous me demandez une explication que ma sœur ne pourra vous donner, il lui est impossible de vous répondre, car l'aplication qu'exigeroit une parcille réponse seroit dans le cas de lui donner la fièvre, et vous êtes trop honnaîte pour ne pas vous contenter d'une pareille raison.

Le portrait que vous faites de votre aimable prince ne soroit manquer de plaire et je trouve dans le caractère de ma sœur un peu d'analogie avec le sien.

Elle est sans expérience parce qu'elle est encore geune. L'amitié quelle a pour ses parens et son penchand à rendre service son la bâse de son cœur.

Concentrée dans le sin de sa famille où elle se plait beaucoup, elle ne voit point de sociétés ou le cœur et l'esprit pourroient se dépraver, avec de pareilles précaustions et une semblable retenue les qualités du cœur ne peuvent manquer de paroitre à ses yeux bien plus estimable que les avantages de la figure dont la frivolité feroit le principal ornement. Comme il ne lui seroit pas difficile de trouver les avantages qui s'ofrent les premiers aux ames intéressées dans les conditions que vous imposez, ausi ne seront pas les motifs qui la détermineront, mais plutaut l'idée, douce et flatteuse, d'être aimée d'une personne que la naissance et des brillantes quallités élèvent au-dessus des autres hommes.

Quoique sa dépense soit grande, la première place qu'elle occupe à l'Opéra la met à l'abrit de ces variastion de monter et de descendre.

Quant à la petite maison que le prince désireroit quelle occupat, avant d'avoir reçu aucunes de vos lettres, on en avoit déjà loué une pour 3.000 livres sur les boulvards et toutes les commodités qui s'y trouvent ne laisseroient rien à désirer à Son Altesse. Pour la voiture et les chevaux, le prince pourra reconnoitre cela d'une autre manière parce que nous en avons deux toutes neuves.

Comme nous sommes unies dès l'enfance rien ne soroit nous séparer, nous n'avons qu'une mer que nous aimons tendrement, et deux frères, mes qui, par leurs états présent ne sont point dans le cas de recourir à nous, voilà toute notre famille et notre suite et notre société ordiner.

Coique ma sœur soit un peu mieux actuelement et hor de danger, cependant la maladie un peu longue quelle a éprouvée l'a laissée dans une grande faiblesse qui la met dans l'impossibilité de rien faire qui exige de l'attention sans nuir au rétablissement de la santé. C'est pourquoi, Monsieur, veullez bien agréer au prince ses regrets de ne pouvoir lui écrire et recevoir en même temps de ma part les assurances, etc.

J'ai l'honneur d'être, etc...

S....., *l'aînée.*

P.-S. — Dans la première lettre que vous nous écrirez nous espérons surtout que vous nous tirerez d'in-certitude en nous envoyant le nom du prince, san cela le romans deviendroit froi et sans intéres.

La persistance de l'indisposition qui empêchait Mademoiselle Saulnier cadette d'écrire et l'insistance de sa sœur pour connaître le nom du prince tatar indiquaient de leur part une certaine appréhension : Caillot-Duval voulut la dissiper sans démasquer son maître, en prenant de grands airs indignés, en menaçant même de rompre si l'on plaisantait encore dans une négociation aussi sérieuse.

Nancy, le 17 Novembre 1785.

Je reçois à l'instant, Mademoiselle, votre lettre du 15 : il m'est impossible d'y répondre en détail aujourd'hui : je me bornerai à vous observer, que j'ai lieu d'être étonné de quelques passages qu'elle contient, qui tendent à faire croire que vous regardez ceci comme un roman. Croyez que vous êtes dans l'erreur :

rien n'est plus sérieux que tout ce que je vous ai écrit,
et je ne vous cache pas que si le prince venoit à être
instruit de la manière dont vous avez reçu ses offres,
le dépit pourroit les lui faire porter ailleurs où vous
pouvez croire qu'elles seroient reçues avec empressement ; car je suis bien aise de vous prévenir qu'il est
loin d'être habitué à des refus, ses qualités physiques
et morales, le rang qu'il tient dans le monde, sont des
motifs assez puissans pour qu'il ne doive pas s'y attendre. Croyez que je ne vous parle que pour votre bien,
et pour celui de votre sœur : j'attends une réponse
prompte et satisfaisante ; car, si le prince arrivoit, je
n'oserois lui montrer celle que je viens de recevoir, et
pour lors votre silence seroit sûrement mal interprété ;
si, contre mon attente, vous tardiez plus de huit jours
à me répondre, je serois forcé de regarder votre silence
comme une rupture, et d'en écrire au prince en conséquence ; je prendrois ce parti-là à regret : mais mon
devoir m'en feroit une loi, et vous êtes trop juste pour
me blâmer.

J'ai l'honneur d'être, etc...

Caillot-Duval.

Cette menace eut un prompt effet. Mademoiselle Saulnier, tout interloquée de ce ton arro-
gant, fut prise d'une belle peur à la seule pensée
d'avoir froissé ce généreux seigneur, d'avoir manqué une aussi magnifique occasion, et, sans plus
chercher à distinguer ce qu'il y a de vraisemblable
ou non dans cette aventure, elle écrivait, courrier
par courrier, la lettre réparatrice qu'on exigeait

d'elle et qui devait atténuer le fâcheux effet de la précédente.

Paris, le 20 Novembre 1785.

Votre lettre du 17, Monsieur, me surprend beaucoup : comment avez-vous pu croire que nous regardions comme un badinage des offre aussi sérieuses que celles que vous nous avez faites. Non, Monsieur, je me hâte de vous désabusé : croyez que nous resentons vivement les obligations infinies que nous vous avons, et que nous savons apprécié les avantages qui devoient en résulté. Assurez le prince de notre parfait estimes et de notre profond respect. Je crois pouvoir vous répondre au nom de ma sœur (coique à son insu) quelle ne tardera pas à resentir pour Son Altesse un sentiment qui lui a été inconnu jusqu'à présent (1) : c'est de quoi vous pouvez être persuadé ainsi que de ceux avec lesquels je suis, Monsieur, votre, etc...

S....., l'aînée.

P.-S. — Songez que vous me devez une réponse, ma lettre du 15 en demande une pour plusieurs articles : oubliez les frases qui on pu vous paroître louches, l'interprétastion que vous leur avez doné est bien loin de notre pensée, et nou meriterion la rupture dont vous nous menacé si nous avions pu adopté des idées absurde et jose dire bien coupable après de telles avance de la par d'un prince ausi aimable et... ausi aimé... le mot est laché je ferme la letre : car je lefacerois.

---

(1) Quelle aurait été la surprise du baron de Breteuil s'il avait pu lire cette déclaration si peu flatteuse pour lui !

Le chambellan-secrétaire, tout heureux d'avoir provoqué par sa dureté de langage une explosion de tendresse aussi soudaine, profite aussitôt du trouble où il a jeté les deux sœurs pour leur en faire accroire davantage et n'hésite plus à leur révéler les noms, titres et généalogie de son maître et seigneur.

Nancy, le 24 Novembre 1785.

J'ai reçu avec grand plaisir, Mademoiselle, votre lettre du 20 : elle me rassure pleinement sur mes craintes qui, dans le fond, étoient plus pour vous que pour moi, puisque vous et votre sœur y êtes les seules intéressées.

Si je n'ai pu répondre sur le champ à votre charmante lettre du 18 de ce mois, c'est que vous paroissez désirer vivement la connoissance d'une chose sur laquelle le consentement de Son Altesse étoit indispensable. Je lui ai écrit sur le champ à Strasbourg, où il étoit dans le plus grand *incognito*, pour le lui demander. Sa réponse me laissant le maître, je crois pouvoir compter assez sur votre discrétion, pour vous apprendre que mon maître est le prince KABARDINSKI, frère du prince HÉRACLIUS, dont vous savez que la Russie a recherché l'alliance avec tant d'empressement ; sa mère est une Française dont les aventures sont un roman, que je me ferai une fête de vous raconter cet hiver au coin du feu. Sa femme lui a apporté une dot immense, et l'assurance d'une principauté en Allemagne, dont le possesseur actuel est podagre et cacochyme. Il est vrai qu'il n'hérite pas des états de son frère, mais il lui a fait un sort indépendant et très considérable. Votre extrême franchise m'engage à ne vous rien cacher. Le prince, avec un très beau physique, a les manières un peu tartares ; que ce mot ne vous effraye pas, il est d'un caractère doux et bénin, et n'a pas plus de fiel qu'un hanneton.

Je crois n'avoir pas besoin de vous recommander le secret le plus absolu sur tout ce que je vous écris, et même vous m'obligeriez de brûler mes lettres.

Ce que vous me mandez sur la maison que vous avez louée, me fait grand plaisir ; quant aux voitures et aux chevaux, puisqu'ils vous sont inutiles, Son Altesse, comme vous le dites fort bien, retrouvera cela en vaisselle et en diamants.

Que votre union avec Mademoiselle votre sœur mérite d'éloges ! Elle est faite pour donner la meilleure idée de votre façon de penser. La tendresse que vous avez pour Madame votre chère mère est encore un de ces beaux traits qui font d'autant plus d'honneur au siècle qu'ils sont plus rares. Quant à Messieurs vos frères, je suis bien trompé si je n'ai pas entendu parler d'un monsieur S...., du plus grand talent sur le cistre. Si par hasard il est votre frère, il pourra être utile à Son Altesse, qui a le désir d'apprendre un instrument, et que nous déciderons pour celui-là qui en vaut bien un autre.

Je crois indispensable que le prince trouve à son arrivée ici une lettre de Mademoiselle votre sœur, bien détaillée ; j'espère que sa santé lui permettra d'écrire. Veuillez bien lui présenter mes hommages, et lui recommander surtout de cacheter la lettre pour le prince, et de l'adresser sous mon couvert, toujours

poste restante ; il sera *incognito* jusques à son arrivée
dans la capitale.

Vous terminez votre aimable épître par dire que si
le nom du prince demeurait inconnu, le roman seroit
froid : vous pouvez avoir raison, mais je suis bien aise
de vous dire que le dénouement sera très chaud, malgré la rigueur de la saison ; car le prince est vraiment
un *payeur d'arrérages* (ne prenez pas en mal ce petit
badinage), et moi je soutiens bravement l'honneur du
pavillon (passez-moi, je vous prie, cette bouffée de tempérament).

J'ai l'honneur d'être, etc...

CAILLOT-DUVAL.

Cette fois, la bourde était un peu forte, et les
deux sœurs crurent prudent de s'enquérir avant
de répondre ; elles feuilletèrent donc l'*Almanach
royal*, les *Etrennes mignonnes*, etc., tous les livres
enfin qui pouvaient les renseigner sur l'identité
du prince russe : nulle part de Kabardinski, non
plus que d'Héraclius. Elles flairent le piège, mais
l'illusion a été d'abord si complète qu'il leur reste
encore des doutes : il s'agissait donc pour la sœur
aînée d'écrire une lettre où, tout en n'ayant pas
l'air d'être dupe de la plaisanterie, elle se réservât
le moyen d'accepter, au cas où l'aventure serait
vraiment sérieuse.

Paris, le 28 Novembre 1785.

J'ai reçu, Monsieur, dimanche dernier, votre charmante lettre, que j'ai lu trois ou quatre fois. En vérité, il faut avouer que vous êtes un homme consommé dans la galanterie, et qu'il y auroit du danger à vous voir de trop près ; mais je crois que l'on peut s'amuser sans que cela tire à conséquence.

Vous ne me croyez pas assez dépourvue de sens commun pour me persuader que l'istoire du prince Kabardinski ne soit une chimère. Comme j'ai *un peu* d'expérience, je ne suis pas tout à fait crédule ; je ne peux deviner le motif qui vous anime, les gens d'esprit cherchent toujours les occasions de faire des complimens : si cela est, vous avez parfaitement réussi. J'ai cherchez une journée entière le nom du prince Kabardinski dans l'Almanach, et je suis persuadée qu'il n'existe point de prince de ce nom, ni même un qui lui ressemble, non plus que celui de son frère. Je fais la réflexion que puisqu'il a un frère souverain, ce n'est pas à lui à payer les dettes de son père *au monarque aussi peu galant que créancier exigeant.*

Ma sœur, voyant la plaisanterie, vouloit m'empêcher d'écrire, mais moi qui suis enchantée de faire un petit roman de toutes les jolies lettres que j'ai reçues, je comte que vos lettres me serviront beaucoup quand vous serez à Paris, nous arrangerons cela ensemble, sans y oublier des grands noms pour donner plus d'intérêt à la chose santoutefois compromettre persone ; en un mot, je suivrai vos conseils pour le roman tragicomique. Votre esprit, vos lumières, votre stile coulant m'asurent du plus grand succès pour notre livre.

J'ai peine à croire que le pays que vous abitez vous

et vu naître, il est rare qu'en un climat si sombre il y ait des personnes d'un mérite si distingué. Vous resenblez plutaut à un chevalier français fidelle à sa patrie et infidelle à sa métraisce.

Il faut que Son Altesse croye ma sœur bien étourdie de penser qu'elle lui écrira sans avoir reçu de lettres personnelle ; quoiqu'elle n'ait que seize ans, elle a la raison de quarante, elle ne me ressemble pas, *elle ne veut pas s'amuser en idée ;* pour moi qui cherche à rire, je vous écris avec le plus grand plaisir et sans chercher à aprofondir vos raisons.

Je ne suis point au fait de l'istoire de Russie, voila pourquoi je ne sais point ce que vous me dite.

Malgré que je sois un peu indiscrette, je veux bien pour vous me faire violence mais j'ai toujours envie de m'éclaircir. Ah ! c'est un grand sacrifice que je vous fais de me taire, je vous prie cependant de compter sur ma discrétion. Voici ce que ma sœur dit pour le prince :

« L'on n'aime pas sans connoître, il n'y a que des grandes qualités et de grandes assurances, qui puissent déterminer un cœur qui se méfie de tout. Si le prince avoit les tendres sentimens que l'on se force de me faire croire, il m'en orait déjà donné des preuves. Je ne lui en demande qu'une, bien petite encore : c'est son portrait que je désirerois avoir. Je promet d'en garder le secret, mes surtout qu'il m'écrive lui-même. »

Il y a une chose qui paroit bien extraordinaire, c'est que vous vous serviez d'une main étrangère pour nous écrire ; il me semble qu'en pareil cas l'on ne s'en rapporte qu'à soi-même.

La dernier frase de votre lettre a fait *rougir* ma

sœur ; moi qui pense toujours à notre livre, je suis bien aise d'en voir le dénouement de tout ceci.

Quand au trais un peu gallant dont vous terminé votre lettre, j'y ajouteres que votre témoignage n'est pas tout à fait recevable : c'est à la seule Vénus à juger des prouesses de Mars.

J'ai l'honneur d'être, etc...

Le prochain courrier de Nancy, attendu avec impatience par les deux sœurs, apporta bien une lettre autographe du prince à Mademoiselle Saulnier cadette, jointe à celle du secrétaire, mais point de portrait...

A Mademoiselle S..., de l'Opéra, à Paris.
(Incluse dans la suivante.)

Nancy, le 5 Décembre 1785.

J'arrive dans cette ville, Mademoiselle ; mon chambellan, qui a toute ma confiance, m'a parlé de vous d'une manière si avantageuse, que je me rends à ses sollicitations pressantes, malgré tous les ménagemens que j'ai encore à garder : je prends sur moi de vous écrire : je vous confirme tout ce que mon chambellan vous a mandé ; j'y ajouterai que, dans un mois au plus tard, j'aurai le plaisir d'admirer de plus près ces grâces touchantes qui sont l'objet de toutes mes pensées.

Depuis votre première lettre, vous m'avez traité avec bien de la rigueur ; j'espère qu'elle va cesser, et que d'ici à mon départ, nous aurons une correspondance suivie, qui sera le prélude d'une liaison qui fera le bonheur de ma vie.

J'ai l'honneur d'être, etc...

Le prince K.

A Mademoiselle S... l'aînée, à Paris.

Nancy, le 6 Décembre 1785.

J'ai reçu, Mademoiselle, votre lettre que je n'ai pas eu besoin de relire trois ou quatre fois, comme vous avez fait de la mienne : je vous assure que je ne suis pas encore revenu de l'étonnement qu'elle m'a causé. Un autre que moi jetteroit feu et flamme ; j'ai cependant un grand motif de consolation : c'est que je vois que vous avez gardé le plus profond secret, comme je vous l'avois recommandé ; car si vous en eussiez ouvert la bouche à qui que ce soit, il n'est personne qui ne vous eût appris ce que c'est que le prince Héraclius, de l'existence duquel vous paroissez douter : ce n'est pas dans les *Etrennes mignonnes* que vous trouverez son nom et celui du prince Kabardinski. Toutes les gazettes ont assez retenti et retentissent encore du nom du frère aîné : il y a sans doute des Russes à Paris, parlez-leur en, sans entrer dans aucun détail, et vous verrez ce qu'ils vous en diront. Quant au pays dont vous doutez aussi, prenez la peine d'ouvrir le tome cinquième de l'*Histoire naturelle* de M. de Buffon, et la page 20 vous instruira de ce que sont les peuples de Kabardinski, et s'ils sont tant à dédaigner ; selon cet auteur, et selon la vérité, les habitants de cette contrée sont les plus vigoureux hommes que l'on connoisse : Son Altesse soutient bien la réputation de son pays.

Il vous semble extraordinaire que le prince paye les dettes de son père, ayant un frère souverain : vous saurez que comme le prince Héraclius lui a fait un sort beaucoup plus considérable qu'il ne devoit l'espérer, il est convenu, en revanche, de liquider sur ses revenus, une partie des dettes contractées par leur père. Dans deux ans, il sera tout à fait quitte ; cela n'empêche pas qu'il ne soit puissamment riche, même dans ce moment-ci.

Je crois qu'il est fort heureux pour votre sœur que vous n'ayez pas suivi son conseil en ne répondant pas.

Son Altesse est ici depuis deux jours ; je l'ai déterminée, avec bien de la peine, à écrire à votre sœur, et je joins ici sa lettre. Je n'ai pas osé lui parler du portrait : d'ailleurs, il eût peut-être voulu voir la lettre où on le demandoit, et s'il avoit lu celle que j'ai reçue de vous, il ne seroit plus question de rien, et il eût été impossible de le ramener. Le prince, quoique doux et complaisant, est fort haut et très susceptible.

Vous faites une réflexion très juste, que j'ai tort de me servir d'une main étrangère pour des choses de cette nature ; mais rassurez-vous : mon secrétaire est si bête qu'il ne comprend pas un mot de ce qu'il écrit ; et de plus, je vous évite de lire mon griffonnage, car je ne peins pas bien.

Je suis fâché que la dernière phrase de ma lettre ait présenté à votre sœur des idées un peu croustillantes : j'éviterai de retomber dans la même faute ; mais je vous dirai, entre nous, que, puisqu'elle n'aime pas à s'amuser en idée, le prince est bien son affaire, et l'amusera réellement. Quant à moi, je vous assure que je suis aussi pour les plaisirs réels et palpables : je

puis dire, en toute vérité, que Vénus ne m'a jamais
pris pour Mars en carême.

J'ai l'honneur d'être, etc...

La tendre épître du prince, les assurance répé-
tées de Caillot-Duval, son étalage de science
ethnographique, son appel même à l'autorité de
Buffon, tout cela fut en pure perte. Les demoiselles ont pris des informations en sous-main et ne
sont plus dupes du prince ni du chambellan. Mademoiselle Saulnier cadette, offensée dans sa
dignité de premier sujet, boude et ne répond plus.
Sa sœur, au contraire, prend gaîment la plaisanterie et assigne le secrétaire et son Altesse mosco-
vite au prochain carnaval.

Paris, le 14 Décembre 1785.

Je ne puis imaginer, Monsieur, que vous montrez de
l'étonnement de ce que j'ai lu trois fois ou quatre fois
une lettre charmante.

Tel est le charme des choses écrites avec esprit que
lorsqu'on les a lues, on veut les relire encore, mais
malgré cela il ne faut point que l'esprit nous fasse
donner dans l'illusion ; insi les graces et le stil séduisant de vos lettres n'empêchera pas ma raison d'en
aprécier les motifs, et d'en peser les conséquences.

Il me paroit bien étrange qu'un prince soit amoureux de ma sœur qu'il n'a jamais vue, n'est-ce pas un
peu Domquichote et l'aveu le plus flatteur en pareil
cas doit-il paroitre sincère ? Ah ! ceci à trop l'air de

quelque tour d'un chevalier français, pour que l'on puisse raisonnablement y ajouter fois, que voulez-vous ! l'on fait tant de ces petites méchancetés à Paris qu'il faut bien que la méfiance et la circonspection soit notre sauvegarde pour qu'on ne fasse pas des risées sur notre comte.

De plus, quelque crédule et quelque simple que je fusse, comment vouderiez vous que je crusse ce que vous supposez que votre secrétair a transcrit lui-même ; en vérité il faudroit être bien complaisant pour souxcrire à un pareil aveu, non, non, je n'en croi rien, vous avez fait une école en prenant ce biais pour répon dre à l'objection que je vous fis de ce qu'en pareil cas vous vous serviez d'une main étrangère. Je me rappelle dans une comédie moderne je lu *Mondieu que ces gens d'esprit sont sot !* Permettez-moi de me servir de ce passage et vous dire moi *Mondieu que ces gens d'esprit sont étourdis !*

Vous me renvoyez aux gasetes et aux journaux qui doivent m'instruire du prince Kabardinski et du prince son frère. Doi-je m'imposer une tache si dure que de les parcourir tous ? à la bonheur si ces gazetes et ces journaux étaient écrites d'un stil tel que celui de la *Nouvelle Héloïse ;* de plus la Crimée désolée tour à tour par les armes des Turcs et des Russes, prouve-roit-elle quelque chose en faveur du héros phantastique qu'il vous plairoit d'imaginer ?

Avec tout votre esprit, Monsieur le romancier, vous avez fait une école, et même je pourrais en citer plus d'une : la tête du roman alloit bien, mais vous avez pêché par la queue, et je vous laisse à penser si je devois m'en apercevoir.

J'ai lu la lettre de Son Altesse ; elle n'est pas moins

intéressante que la vôtre, mais ma sœur ne peut **y**
répondre actuellement ; elle n'est point à Paris. Comme
elle a été fort malade, elle est partie pour la campagne afin d'y respirer un air plus salutere ; je lui por-
terai la lettre, mais ce ne peut être avant huit jours et
je songe que dans cet intervalle, je peux encore recevoir une lettre de vous. Je la lui enverrais mais elle ne
se détermineroit point à répondre si je n'étois présente, parce qu'elle présume qu'il en doit être de votre
prince Héraclius *comme de celui de Cornail*, vous
entendez ce que cela veut dire. Je lirai M. de Buffon,
quoique je n'en puisse pas saisir toutes les beautés ; il
n'est rien que je ne fasse pour connoître les peuples de
Kabardinski. Je vous prie de dire au prince que ma
sœur est à trente lieues de Paris où elle restera une
quinzaine de jours pour sa santé ; elle sera sans doutte
bien flattée en recevant la lettre.

Vous me marquez que vous venez à Paris, je n'ai pu
voir en quel temps, vous avez mis le cachet sur la
datte et je l'ai ouverte de manier que je n'ai pu la
déchiffrer. Marquez-nous S. V. P. quand vous revien-
drez, et ne douttez point de l'acueil que vous avez
droit d'attendre en arrivant à Paris et des sentimens
avec lesquels, etc.

Cette lettre ne déconcerta pas Caillot-Duval ;
mais voyant que la feinte était désormais inutile,
il voulut au moins, sans jeter le masque, poursuivre et terminer cette jolie correspondance avec
Mademoiselle Saulnier qui s'y prêta de la meilleure grâce du monde. N'ayant plus à ménager la
vraisemblance, il donne libre carrière à sa verve

comique et quittant le style de la diplomatie galante, il parle bientôt à la danseuse sur un ton
assez libre et lui adresse force équivoques et plaisanteries gaillardes qui n'effarouchent nullement
la pudeur de la dame.

Nancy, le 25 Décembre 1785.

Votre lettre du 14, Mademoiselle, m'est parvenue il
y a quelques jours ; je vous avoue qu'elle m'a causé le
plus grand étonnement, par le ton de plaisanterie qui
y règne. La chose d'elle-même étoit assez sérieuse, soit
par le personnage qu'elle mettoit en jeu, soit par la
sincérité des aveux que renfermoient mes lettres. Le
silence obstiné de votre sœur m'a forcé de montrer au
prince votre réponse pour me soustraire aux reproches
dont il m'accabloit ; il en a été indigné, et, dans sa
colère, il m'a tenu à peu près ce langage, les yeux
hagards et l'écume sur les lèvres : Vous êtes bien osé
de m'avoir compromis avec de pareilles caillettes (c'est
son mot favori) ; vous mériteriez que je vous envoyasse
à *Lodcorbarli* (1) (c'est la prison d'Etat chez le prince,
située près du Pont-Euxin) ; je veux bien vous par-
donner en mémoire de vos services passés, mais vous
serez un mois sans manger à ma table, et jusques-là
vous vivrez de *codelipons* (nourriture malsaine) et de
chartoulédu (boisson exécrable). Voilà pourtant ce que

(1) Pour l'explication de tous ces mots forgés, Caillot-Duval
renvoie au livre du chevalier de Mouhy, *les Mille et une Faveurs
Contes de la Cour*, où l'on trouve aussi quantité de mots grossiers
renversés et bouleversés. Que le lecteur perspicace s'amuse à
déchiffrer ces anagrammes!

vous m'attirez, pour avoir voulu rendre service à votre sœur ; c'est une leçon pour l'avenir. Il a terminé sa brusque incartade par me dire qu'il ne vouloit plus entendre parler de vous, et qu'il se repentoit de s'être reposé si longtemps sur des petites perronnelles (passez-moi le mot). J'ai fait mon possible pour l'apaiser, mais j'ai reconnu que le seul moyen, s'il y en a un, est une lettre de votre sœur, ou au moins de vous, adressée à lui-même. Il n'est pas mal intentionné pour vous, son plus grand mécontentement vient de votre sœur.

Si vous ne pouvez vous déterminer à écrire, votre sœur ni vous, au moins apprenez-moi si, comme je l'espère, vous m'avez gardé le secret le plus inviolable. Je serois perdu si vous y aviez manqué. Vous voyez que mon sort est entre vos mains : mais je vous crois trop honnête pour abuser de la confiance que j'ai eue en vous. Je suis menacé, dans ce cas, du supplice des *courlousedilles*, toujours suivi de la ruine du principe générateur.

Je ne sais où vous avez pris que la Crimée étoit désolée tour à tour par les Russes et les Turcs : elle ne l'est par personne. Ces climats sont protégés par la division du prince *Botanipel*, qui est composée des trois régiments des *Pasteroipètes*, *Friscarpètes* et *Simmocupètes :* ce sont des troupes superbes, faciles à entamer, mais fort aisées à recruter.

Je dois entendre, selon vous, ce que c'est que le prince de Cornail ; j'avoue, à ma honte, que c'est la première fois que j'en entends parler. Si j'avois affaire à une personne moins instruite, je croirois qu'elle a voulu dire *Corneille ;* mais ce seroit vous faire injure,

que de vous croire capable d'une erreur aussi grossière.

J'attends incessamment de vos nouvelles, et je vous
prie de me croire, en attendant, etc...

CAILLOT-DUVAL.

P.-S. — Etant peu occupé dans ce moment, je me
suis permis un petit logogriphe que je soumets à votre
jugement.

> Je vaux plus de cinq sans ma queue,
> Et ne vaux qu'un avec ma queue :
> Entouré de blanc sans ma queue,
> Corné de noir avec ma queue.
> Vous me chérissez sans ma queue,
> Vous m'adorez avec ma queue.
> Je suis en montre sans ma queue,
> Et je me montre avec ma queue.

Ce seroit faire injure à votre pénétration que d'y
joindre le mot : si le jeu vous plaît, vous n'avez qu'à le
dire, vous en recevrez un par tous les courriers. Une
personne aussi instruite que vous connoit sans doute
les chiffres romains. Vous voyez que je vous mets sur
la voie.

Mademoiselle Saulnier répondit en riant à cette
épître joviale, mais de façon à indiquer qu'elle
jugeait inutile de continuer une correspondance
désormais sans but précis et que cette lettre serait
la dernière.

Paris, le 28 Décembre 1785.

Quelque disposée que je fusse à continuer la correspondance sur ce ton de plaisanterie, qui semble, en effet, convenir à tout ceci, sependant le tableau touchant et pathétique que vous m'avez fait de la situation embarrassante où vous vous êtes trouvé à l'abord du prince, m'engage de vous répondre plus sérieusement. J'ai, en vérité, beaucoup de peine du mauvais traitement que vous avez éprouvé de la par du prince. Quoi ! pour une bagatelle parler de prison d'Etat, vous condamner pour un mois à ne manger que du *codelipon*, et ne boire que du *charloufedu !* c'est en véritté, avoir un caractère trop dur. Je vois bien qu'il ne fait pas toujours bon de badiner avec les princes tartares. San doute les femmes de Kabardinski, accoutumées à la dépendance à l'égard des hommes, n'ont pas encor pris le soin de poliser leurs manières grossières, je voudrais bien être plus près de vous pour tacher d'adoucir la rigueur du procédé de son altesse, car je pense que lorsqu'on fait un repas aussi maigre que celui auquelle le prince vous a condamné, il n'est pas possible alors de parler d'amour bien haud. Je me ferois un devoir de vous visiter dans votre prison, je me chargeroit de la fonction de votre maître d'hôtel, votre table seroit servie sans profusion, mais avec délicatesse, et le vin de Champagne et de Bourgogne tiendroient la place d'une boisson qui peut-être est d'usage lorsqu'on a besoin d'observer un régime. San doute la diette ne convient qu'aux amans langoureux qui ne vivent que de soupirs et meurent par métaphore, mais ce doit être autre chose pour vous, à qui des circonstances facheuses ne sauroient enlever la gaité de votre esprit et vous empé-

chet de faire des logogryphes (Je vous prévien que j'ai
deviné le vôtre sur le champ et vous n'en serez pas
surpris) ; c'est bien fait à vous de mêler du badinage
par mi les choses les plus graves, vous mérités d'être
Français et je vous soupçonne beaucoup de l'être.

Le courroux du prince m'a causé véritablement de la
peine, mais c'est pour vous que j'ai craint. Je lui passe
très volontiers les termes dont il s'est servi pour nous
apostropher. On voit bien qu'il se sent un peu de la
rudesse du climat qu'il habite, mais quand il aurat
séjourné quelque tems à Paris, en devenant un prince
accompli, il apprendra que les manières honnaites et
gracieuses dont on use à l'égard des femmes rendent
leur commerce plus doux et plus agréable.

Adieu pénitent agréable ; vous allez commencer
votre ramadan, je vous souhaite patience et bon courage, faites ensorte de venir au plutot participer aux
amusemens de notre carnaval.

J'ai l'honneur d'être, etc...

Caillot-Duval, jugeant sur cette lettre l'aventure terminée, voulut avoir le dernier mot avec
Mademoiselle Saulnier, comme il l'avait eu avec
Mademoiselle Laurent, et il lui adressa cette lettre
finale en guise de compliments pour la nouvelle
année :

Nancy, le 10 Janvier 1786.

J'ai reçu, ma charmante amie, votre aimable épître
du 28 ; elle m'a réconforté au point de me faire hausser
mes actions à un degré que je ne connoissois plus

depuis ma disgrâce. La nature, muette chez moi, s'est
fait entendre avec l'énergie de mes premières années :
hier encore, entièrement occupé de vous pendant mon
sommeil, je me suis réveillé nageant dans une mer de
délices. Non, je ne puis me persuader que cet ordre
mendiant, si connu par son extérieur bizarre, ait
jamais eu d'aussi bonne fortune.

Ce qui a mis le comble à ma félicité, c'est que Son
Altesse a bien voulu oublier mes torts et me rendre
ses bonnes grâces au jour de l'an. J'ai été admis à
l'honneur du *saicebul* ; c'est ce qui répond à la faveur
de baiser la main : mon ordinaire a été changé : je
mange à la table du prince, et tous les jours nous nous
régalons de *cagupeles*, c'est son plat favori : il répond
à cette espèce d'oublies que vous appelez *plaisir des
dames* ; il faut toujours les manger entiers, ou ils ne
valent rien. Vous savez mieux que personne combien il
est difficile de garder longtemps intacts des objets
aussi délicats.

Il y a toute apparence que nous ne serons à Paris
que vers le milieu de Février : je me ferai un plaisir
de me rendre chez vous le plus tôt possible ; ma consolation, jusqu'à ce moment, sera de recevoir de vos
chères lettres. Quant au prince, il ne m'a plus parlé de
vous, et vous sentez que je n'ai pas été tenté de lui en
ouvrir la bouche, car j'ai encore le gosier empâté de
ce vilain *chartoufedu*, et de ces maudits *codelipons*,
qui ont pensé m'étrangler.

Je m'attendais à voir, dans votre lettre, le mot du
logogriphe que je vous ai envoyé : dès que vous l'avez
deviné, vous auriez dû me le mander ; je vous en aurois
envoyé un autre. Je travaille en ce genre, sans prétention et avec facilité ; je tourne aussi fort bien les com-

plimens de bonne année et les envois d'étrennes ; ça été même l'origine de ma fortune.

J'ai l'honneur d'être, etc...

Ainsi prit fin cette énorme plaisanterie et Mademoiselle Saulnier cadette, complètement désabusée des princes russes, revint au baron de Breteuil, qui ne se douta jamais qu'il avait failli perdre son protectorat au profit d'un Kabardinski. Les deux sœurs, de leur côté, étaient bien tranquilles sur l'avenir et n'imaginaient pas qu'il pût jamais rien transpirer de cette singulière correspondance : aussi quelle dut être leur surprise lorsqu'elles la virent imprimée tout entière ! Il est vrai que le temps était peu propice aux plaisanteries littéraires et que cette révélation ne fit aucun bruit à l'origine. Mais si la renommée des danseuses n'en reçut pas grande atteinte, combien leur amour-propre féminin dut souffrir des ironies de Caillot-Duval, de ce railleur insupportable qui soulignait d'une note cruelle la phrase où sa correspondante le menaçait presque de former avec leurs lettres un livre destiné au plus grand retentissement et au plus grand succès ! « Nous servons cette aimable demoiselle selon son goût, disait-il : elle a voulu contribuer à un ouvrage, et ses charmantes épîtres sont le plus bel ornement de celui-ci. Nous espérons que le succès répondra à son attente, et nous la prions de recevoir tous nos remerciements de sa bonne volonté. »

Mademoiselle Saulnier avait prétendu faire un livre : il était fait — et parfait.

APPENDICE

Une Dynastie chorégraphique
Les Saulnier

Les Saulnier formèrent une véritable tribu dansante à l'Académie de Musique depuis le milieu du dix-huitième siècle jusqu'au commencement du dix-neuvième. Outre les deux sœurs qui viennent de nous occuper, les états d'appointements et autres documents administratifs prouvent encore l'existence d'au moins deux danseurs et deux danseuses de ce nom. Il serait assez difficile d'établir la parenté exacte de tous ces Saulnier entre eux, — cette dynastie durant près d'un siècle, — mais il est curieux de relever les états de service de chacun d'eux, de façon à connaître leur talent d'après la carrière qu'ils ont parcourue. Ce petit travail est ré digé d'après les feuilles d'appointements ou d'émarge ment, registres administratifs et correspondances ministérielles conservés aux Archives de l'Opéra.

Le premier Saulnier dont nous ayons connaissance n'était certainement pas le premier qui dansât à l'Opéra, car il est inscrit sous le nom de Saulnier fils, ce qui indique suffisamment que son père l'avait précédé dans la carrière chorégraphique. Voici l'état exact de ses services d'après le *Manuscrit Amelot* : « Saulnier fils. — Danseur figurant. Entré à l'Opéra en Avril 1746 aux appointements de 200 livres, a quitté en 1747. Rentré en 1749, à raison de 300 livres. A Pâques 1750, il lui a été accordé 100 livres d'augmentation d'appointements, et à Pâques 1752, 100 livres de gratification annuelle. Supprimé au mois de juin 1752. » Il fut en effet rayé des états pour être parti sans permission en mai 1752.

Viennent ensuite les deux sœurs Saulnier qui lièrent correspondance avec le prince Kabardinski et dont il a été assez parlé pour qu'il soit superflu de revenir sur leur compte. Je rappellerai seulement que l'aînée resta à l'Opéra dans un rang inférieur, de 1775 à 1783 ou 84 ; et que la cadette, Victoire, qui illustra le nom de Saulnier par ses triomphes, y demeura juste dix ans, de 1784 à 1794.

A partir de 1786, un Saulnier est porté sur les états comme « danseur figurant » à 600 livres d'appointements : était-ce un frère, oncle ou cousin des précédentes ? Voici quelques extraits du *Journal de Francœur* qui le concernent : « 12 Novembre 1787. Comité. Convenu que les appointements aux personnes cy-après ne seront payés que jusqu'au 15 du présent mois, leur congé pour Londres commençant le 12. MM. Vestris, Jacotot, Saulnier, Coullon, et Mesdemoiselles Coullon, Hilisberg, Vanloo et Mézière l'aînée qui tous ont parti le dit jour 12 Novembre. » — « 4 Août 1788. Comité du lundy 4. Convenu que M. Saulnier, danseur, resté à Londres sans congé, sera supprimé des états. » — Ainsi fut fait sur les états de l'année 1788-1789 : ce danseur ne passa donc à l'Opéra que deux ou trois ans.

Après les deux sœurs susnommées, deux autres parurent à l'Opéra qui sont certainement leurs parentes, sans qu'on puisse dire à quel degré. L'aînée débuta à l'Opéra, en Germinal ou Floréal an IV (1796), par le rôle de Calypso, créé et illustré par Mademoiselle Victoire Saulnier, dans le ballet de *Télémaque*, puis par celui de Vénus, de *Psyché*. Cette jeune fille, qui n'avait que dix-sept printemps, s'appelait Marie-Jeanne Saulnier et répondait à l'abréviation familière de « Mimi » ; elle fut reçue en qualité de première double et conserva ce rang pendant l'an V et l'an VI, aux appointements de 3.800 livres, dont 800 de gratification, qui furent réduites à moitié.

Au mois de Floréal an VI (mai 1798), la citoyenne Saulnier adressait deux lettres, l'une aux citoyens administrateurs composant le Comité du Théâtre des Arts, l'autre au citoyen ministre de l'Intérieur, Letourneur, pour réclamer une augmentation de traitement et réparation de toutes les injustices qu'elle avait subies et qui l'auraient décidée à partir pour l'Espagne, disait-elle, si le citoyen Bénézech, alors ministre, ne l'en avait empêchée en lui promettant de faire cesser « l'état de nullité » dans lequel on la laissait.

« Après des sacrifices énormes et un travail pénible de
dix ans, disait-elle, je suis parvenue à débuter au Théâtre de la République et des Arts, il y a plus de deux
ans, dans le genre sérieux, tant dans la danse que dans
la pantomime. Les applaudissements soutenus que j'ai
obtenus et les éloges que les papiers publics ont faits
de moi ont dû me faire croire que j'avais été assez
heureuse pour plaire généralement ; d'abord mes
appointements furent modiques, je n'eus pas l'agré-
ment de paraître aussi souvent que je l'aurais désiré,
mais l'espoir de voir réparer un jour ces deux injustices (que je devais à un règlement qui aurait dû dispa-
raître *comme tous les abus dont les administrations
françaises étaient infestées*) n'abattirent point mon
courage, etc... »

Le résultat presque immédiat de cette double réclamation fut la rédaction d'un *nouveau contrat*, en date
du 11 Frimaire an VI (1er décembre 1798), par lequel
« Marie-Jeanne Saulnier, âgée de dix-neuf ans, née à
Paris, demeurant rue de Louvois (IIe arrondissement),
entrée en l'an IV en qualité d'*artiste de danse* et ayant
servi trois ans sans discontinuité, renouvelait son engagement au titre de double, au prix annuel de 5.000
francs, dont moitié fixe et moitié variable. »

Six mois n'étaient pas écoulés depuis la signature de
ce traité que Mademoiselle Saulnier, demeurant rue
de Louvois, maison Benoist, adressait au ministre une
lettre, datée du 21 Floréal an VII (10 mai 1799), pour
renouveler ses plaintes sur la modicité de ses appointements et l'humilité de sa situation. Réclamer sert
toujours à quelque chose, car presque immédiatement

après cette nouvelle requête, la danseuse obtint la place de premier remplacement pour le genre sérieux, avec 3.500 francs d'appointements et 36 de feux. Elle est ainsi marquée sur les états pour l'an VIII. Mais dès l'année suivante, son traitement fut porté à 5.500 avec 18 francs de feux.

Peu après parut sur la scène de l'Opéra une nouvelle Saulnier, nommée Victoire, et sœur cadette de Marie-Jeanne ; elle était née en 1784, l'année même où la première Victoire Saulnier débutait à l'Opéra. Cette dernière venue avait encore eu pour maître un Gardel : l'hérédité du prénom de Victoire et le soin qu'elle eut, comme sa sœur, de choisir pour débuter le même rôle de Calypso créé avec éclat par la grande Victoire Saulnier, montrent bien qu'il y avait une assez proche parenté entre toutes ces danseuses. Pierre Gardel adressa une requête à M. de Luçay, premier préfet du Palais, afin d'obtenir une autorisation de début pour son élève, qu'il avait eu déjà l'honneur de lui présenter : « Sa belle taille, sa figure plus belle encore, son amour pour son talent pouvaient faire espérer que le public accorderait à Mademoiselle Saulnier, l'indulgence à laquelle ont droit tous les débutants. » Elle se préparait à tenir l'emploi de la première danseuse noble, Mademoiselle Clotilde, « qui lui avait très honnêtement permis de jouer le rôle de Calypso dans le ballet de *Télémaque* et Vénus dans celui de *Pâris* ». La permission de début fut accordée sous cette condition expresse que la jeune danseuse était prête à danser au moins trois rôles : l'autorisation est datée du 5 Vendémiaire an XIII (27 septembre 1804) et quinze jours après, Mademoiselle Victoire Saulnier effectuait son premier début, le jeudi 9 octobre 1804.

« Mademoiselle Saulnier cadette, dit le *Journal de Paris*, qui débuta hier dans le ballet du troisième acte de *Dardanus*, et qui remplit ensuite le rôle de Calypso dans celui de *Télémaque*, est une jeune et très belle personne, qui paraît avoir d'assez bons principes, mais dont on ne sauroit encore juger le talent. Elle n'a dansé qu'un seul pas, et il ne falloit, pour y réussir, qu'une belle représentation et quelque aplomb. Comme pantomime, cette débutante laisse encore à désirer ; ses gestes sont faciles, ses développements gracieux, mais elle ne les varie pas encore assez et l'on y reconnaît un peu trop la leçon du maître. Quoiqu'il en soit, ce début donne des espérances. » Elle parut ensuite, le jeudi 11, dans le second acte d'*Iphigénie en Aulide*, puis le jeudi 28, dans le second acte de *la Caravane du Caire*, tout en dansant toujours Calypso à côté de Télémaque-Vestris, dans le ballet de ce nom.

Un nouvel ordre du préfet du Palais, en date du 10 Floréal an XIII (30 avril 1805) permettait ou plutôt ordonnait à Mademoiselle Saulnier de danser différents pas de l'emploi de Mademoiselle Clotilde, pour mieux faire juger de son talent purement chorégraphique, danses, pantomimes. Elle avait déjà subi cette épreuve à plusieurs reprises, et pour lui épargner ce nouveau stage, Gardel adressa une très longue lettre au directeur Bonet de Treiches, où il plaidait chaleureusement la cause de son élève, où il énumérait tous les rôles qu'elle avait déjà joués ou mimés à la satisfaction générale. Le directeur transmit ces observations au

ministre en les approuvant, et celui-ci rendit alors un
arrêté par lequel « les débuts de Mademoiselle Saulnier
étant terminés, elle était admise en qualité de double. »
Elle figure en effet sur les états de l'année suivante,
an XIV (1806), comme la dernière des doubles, appoin-
tée à 2.400 francs.

Lorsqu'en 1807, Noverre publia la seconde édition
de ses *Lettres sur les arts imitateurs*, il y ajouta un
chapitre pour apprécier le talent des danseuses alors
présentes à l'Opéra, et il juge ainsi le talent des deux
sœurs, de celle qui était presque au premier rang et
de celle qui venait seulement de débuter : « Mademoiselle Saulnier est grande et bien faite, elle danse agréablement et montre des dispositions pour la pantomime ;
mais il faut qu'elle se pénètre plus vivement des passions qu'elle doit exprimer. Les gestes n'ont d'autre
éloquence que celle que leur donne la physionomie et
tous leurs mouvements sont insignifiants si les yeux et
les traits du visage ne leur prêtent, pour ainsi dire, la
parole... Lorsque Mademoiselle Saulnier se pénétrera
de cette vérité, elle pourra devenir excellente pantomime, talent très rare à l'Opéra. Mademoiselle Victoire Saulnier est d'une taille élégante, elle est belle
comme Vénus ; mais les grâces, les ris, les jeux et les
passions ne sont pas à sa suite. Je lui conseille de les
appeler et d'invoquer Terpsichore. Avec de l'application et du zèle, elle acquerra tout ce qui lui manque. »

Nous allons, à partir d'ici, suivre séparément la carrière des deux sœurs, en commençant naturellement
par l'aînée, afin d'éviter toute erreur et de rendre
toute confusion impossible.

Au 1ᵉʳ janvier 1808, le directeur prévint Mademoiselle Saulnier l'aînée qu'elle était comprise parmi les artistes réformées pour l'année qui commençait, en vue d'économies à faire. Réclamation de la danseuse auprès du conseil, et réponse du directeur lui signifiant que rien ne peut être changé aux dispositions prises pour cette année. La danseuse ne se tient pas pour battue et manœuvre si bien qu'elle fait révoquer cet arrêté irrévocable, ou du moins qu'elle en fait suspendre l'exécution « provisoirement et jusqu'à nouvel ordre », disait le texte de la lettre ; « indéfiniment » pensait-elle non sans raison. Elle avait, paraît-il, de puissants protecteurs, car voici ce que M. de Rémusat écrivait, sans trop préciser, à Picard, le 1ᵉʳ août : « Il faut, mon cher directeur, suspendre l'exécution de l'arrêté qui réforme Mademoiselle Marie Saulnier ; des considérations très puissantes nous en font une obligation ; d'ailleurs son absence du théâtre pourrait nuire en ce moment au répertoire. Prenez la mesure que vous croirez la plus convenable dans votre sagesse pour l'exécution de ce nouvel arrangement, qui, du reste, ne change rien au renvoi des autres personnes dont la retraite a été prononcée et qui, par conséquent, doivent se retirer. »

Mademoiselle Saulnier le prit dès lors de haut. Non seulement elle se fit rétablir dans la totalité des appointements qui avaient couru pendant les six mois de suspension, mais elle prétendit jouir de tous ses droits : étant premier remplacement, elle voulut doubler seule Mademoiselle Clotilde « sans être assujettie à un second partage avec deux camarades subalternes telles que Mademoiselle Victoire et Mademoiselle Gaillet ». Elle formulait nettement ces prétentions moins de huit jours après sa réinstallation, et le directeur lui répondait, par les termes mêmes de sa lettre, qu'elle avait pleinement raison et « que sa réintégration serait, en effet, illusoire, si elle était obligée de partager son employ avec des danseuses inférieures ».

Tel était alors le crédit de Mademoiselle Saulnier que l'arrêté rétractant sa mise en réforme contenait un article spécifiant les points suivants : non seulement on devait dresser pour elle seule un état particulier d'appointements, mais dans le cas où le montant de la dépense de cet état particulier ferait sortir la partie de la danse hors des limites prescrites par le budget, l'administration en devait faire un chapitre particulier dans son compte et motiver ainsi cette dépense. Quel pouvait donc bien être le protecteur de Mademoiselle Saulnier pour qu'on la traitât avec tant de faveur ?

Le 23 juin 1810, le directeur adressait une lettre à Mademoiselle Saulnier pour la remercier d'avoir appris la veille et joué sur le champ le rôle de Canope dans le ballet de *Persée et Andromède :* « C'est par des actes d'un pareil dévouement que les artistes acquièrent des droits à la bienveillance » ; et il lui accordait effectivement une gratification de 300 francs. Ces bontés de la direction ne furent pas de longue durée. Par arrêté au 1er juillet 1812, les appointements de la danseuse étaient portés à 6.000 francs (il est vrai que ses feux avaient été supprimés au commencement de l'année) ; mais six mois ne s'étaient pas écoulés qu'elle retombait encore en disgrâce.

Le 31 décembre 1812, elle reçut avis que le surintendant des spectacles avait donné ordre de la reléguer
au rang des doubles, parce que la place de premier
remplacement qu'elle occupait depuis plus de dix ans,
lui donnait des droits nuisibles au service en empê-
chant de faire paraître dans les pas de son emploi les
artistes qui donnaient des espérances. Elle fut, en effet,
portée sur les états pour 1813, comme première des
doubles, — sa jeune sœur redescendant ainsi au troisième rang, — mais elle ne quitta pas effectivement sa
place. D'après ce que nous apprend le comte de Rémusat, par lettre à elle adressée le 9 janvier 1813, elle
proposa des « arrangements qui pouvaient concilier
son intérêt particulier avec les vues de l'administration, sans que celle-ci parût se faire tort à elle-même
en revenant sur sa décision ». Elle signa, en effet,
quatre jours après, la déclaration suivante, qui devait
singulièrement l'humilier : « Je consens, quoique premier remplacement du genre sérieux, à céder mes
pas et rôles sur la demande de M. le surintendant ou
de M. Picard, toutes les fois qu'ils le jugeront convenable. »

Cette soumission exemplaire aux ordres plus ou
moins justes de l'autorité ne devait pas garantir longtemps Mademoiselle Saulnier d'une disgrâce complète.
Un an s'était à peine écoulé que le directeur lui noti-
fiait, comme la concernant, un arrêté du surintendant
des spectacles, en date du 31 Décembre 1813, qui pres-
crivait de suspendre à partir du 1er août suivant le
service des sujets dont les moyens ne suffisaient plus
à l'exécution des ouvrages. Mademoiselle Saulnier se

révolta contre cette décision « qui la privait de ses appointements pendant le peu de temps qui lui restait à faire pour atteindre sa pension. » Il était, en effet, assez injuste d'interrompre subitement le service d'une artiste et de la payer seulement sur le pied de sa retraite future, depuis le jour de sa suspension jusqu'au jour où elle atteindrait et par l'âge (40 ans) et par le temps de service (20 ans), l'époque fixée pour le règlement régulier de sa pension : la danseuse éprouvait, pendant cette période intermédiaire, une diminution sensible et absolument imprévue.

Mademoiselle Saulnier mit en jeu toutes les protections qu'elle pouvait avoir ; elle écrivit lettres sur lettres, forte de la justice de sa cause, et, contestant même, d'après les règlements, à M. de Rémusat le droit de suspendre, par simple arrêté, son service et ses appointements avant l'époque de sa pension, « surtout, dit-elle, quand je suis encore dans toute la force de mon talent, et vous avez pu, Monsieur, vous en convaincre hier dans le beau pas de trois du dernier acte de *Trajan*. » Elle soutenait que M. de Rémusat ne pouvait pas prendre cet arrêté sans une autorisation du Conseil d'Administration, sanctionné par le Conseil d'Etat. On lui fit bien voir le contraire, et on coupa court à ses réclamations par la note suivante : « L'arrêté de M. de Rémusat relativement à Mademoiselle Saulnier aînée ne peut être rapporté ; cette mesure a été nécessitée par l'économie demandée. La réforme de Mademoiselle Saulnier avait été prononcée il y a sept ans, et si elle n'a pas eu son effet, Mademoiselle Saulnier doit cela à des raisons particulières. » Ces raisons particulières avaient bien décidément cessé d'exister car Mademoiselle Saulnier fut rayée des contrôles pour l'année 1815 : il s'en fallait d'un an qu'elle eût le temps de service fixé pour la retraite et de cinq qu'elle eût l'âge nécessaire.

Revenons à la sœur cadette, Victoire Saulnier, que nous avons laissée simple double en 1807. Comme elle était loin d'avoir le talent de sa sœur et qu'elle resta toujours au second plan, son dossier ne présente pas, tant s'en faut, le même intérêt et l'on y trouve surtout quantité de demandes d'augmentation ou de gratification, et nombre de plaintes pour passe-droits plus ou moins avérés. En 1810, Mademoiselle Victoire Saulnier arriva à être la seconde des doubles, n'ayant plus devant elle que sa camarade Félicité : elle touchait alors 3.000 francs, qui furent augmentés de 300 l'année suivante, puis de 300 encore en 1813. Elle parvint enfin au premier rang des doubles pour 1815, et reçut une gratification de 400 francs au mois de janvier.

C'est à cette époque précise que sa sœur aînée était mise en retrait d'emploi. Mademoiselle Victoire adressa immédiatement une demande au directeur de l'Opéra pour obtenir les billets que son aînée avait quand elle était au théâtre. « Je sais bien, dit-elle, que c'est une faveur que je sollicite, puisque je n'ai point sa place ; mais comme je la remplis et que je fais tout ce qui dépend de moi pour me rendre utile, j'ose espérer, Monsieur, que vous me serez favorable. Monsieur Gardel, qui a eu la bonté de vous demander quelques fois des billets pour moi, m'a enhardie à vous faire cette réclamation, bien sûr que vous aurez la bonté de me l'accorder. » Elle ne s'en tint pas là d'ailleurs, et demanda aussi à être augmentée en s'appuyant sur ce que « la retraite du premier remplacement laissait des fonds à la disposition de l'Administration et une place à laquelle elle aurait peut-être le droit de prétendre par son zèle et le travail qu'elle ne cesse de faire ; car elle saisit, dit-elle, toutes les occasions qui se présentent pour se rendre utile, et ses chefs pourront assurer que chaque fois qu'ils ont besoin de ses faibles talents, ils trouvent en elle tout le zèle qu'ils avaient le droit d'en attendre. » Elle ne manquait vraiment pas d'assurance pour se vanter ainsi, car quatre ans auparavant, elle avait été suspendue de service et d'appointements pendant un mois, exilée même de l'Opéra, pour avoir fait une scène scandaleuse au premier maître de ballet dans le foyer de la danse (15 juillet 1811). Conduite d'autant plus blâmable de sa part que Gardel avait favorisé ses débuts, l'avait soutenue dans toutes ses réclamations et l'avait poussée très vite aussi haut que le comportaient ses talents : c'était une singulière façon de lui prouver sa reconnaissance que de l'injurier devant toutes ses camarades. Du reste, la double réclamation de Mademoiselle Saulnier lors de la retraite de sa sœur fut non avenue ; elle n'eut certainement pas d'augmentation et probablement pas de billets de faveur.

Mademoiselle Victoire Saulnier n'était pas moins puissamment protégée que sa sœur, de l'aveu même du surintendant des Menus Plaisirs. A la fin de 1815, elle crut avoir à se plaindre d'un passe-droit qu'on aurait fait en faveur de Mademoiselle Gaillet, la double qui venait immédiatement après elle, et M. de la Ferté écrivait aussitôt au directeur (11 novembre) : « Mon cher Monsieur, Mademoiselle Victoire Saulnier vient de me faire une réclamation qui me paraît fort juste, au sujet du rôle de Calypso que Mademoiselle Gaillet a joué, dit-elle, la dernière fois que Mademoiselle Clotilde a quitté ce rôle. Veuillez donc bien avoir la complaisance de vérifier ce fait sur les registres de l'Académie Royale, et si, en effet, Mademoiselle Victoire n'a pas été employée dans cet ouvrage, ayez la complaisance de lui donner l'ordre de paraître demain, parce que ce sera son tour. Vous connaissez, mon cher Monsieur, les motifs qui me font prendre un peu d'intérêt à Mademoiselle Victoire. Monsieur le duc de B... ne manquerait pas de se fâcher s'il lui était fait le plus léger passe-droit. »

Malgré toute l'influence du duc, Mademoiselle Saulnier attendit encore assez longtemps avant d'être augmentée et son traitement ne fut porté à 4.000 francs que pour l'année 1818, avec ce mot en regard de son nom : *pantomime*. Cette simple mention, qui semble être à l'avantage de la danseuse, devait au contraire amener bientôt sa disgrâce, car c'est sur cette infériorité au point de vue chorégraphique qu'on s'appuya pour la mettre en retrait d'emploi. Lorsqu'elle reçut cette fâcheuse nouvelle, en janvier 1820, elle écrivit au surintendant des Menus une lettre presque touchante par son sincère élan d'indignation. En voici le début :

« Monsieur le Comte, vous serez sans doute bien étonné que je ne réponde qu'aujourd'hui à la lettre que j'ai reçue de M. le comte de Pradel, mais le coup m'a été si sensible et si peu attendu qu'il m'aurait été impossible de vous écrire plus tôt et mes esprits étaient tellement agités que je n'aurais pu vous exprimer mes pensées et me plaindre d'une injustice qui n'a pas d'exemple. Je vous prie, Monsieur le Comte, d'avoir la bonté de porter mes plaintes et mes réclamations au ministre et de lui dire que je n'accepte point de quart ni de demi-pension, parce que je suis en état de la gagner tout entière. Intendant, administrateur et maître de ballets n'ont rien à me reprocher ; j'ai toujours fait mon devoir tel qu'il m'a été tracé par vous et l'Administration : vous m'avez ordonné de céder mes pas et de me conserver mes rôles, j'ai obéi à tous vos ordres, ainsi vous ne pouvez me reprocher de ne pas danser ; vos écrits font foi et je les produirai, lorsqu'il en sera temps ; si vous me refusez la justice que j'attends de vous, Monsieur le Comte, je la réclamerai partout, j'irai même, s'il le faut, jusqu'au Roi qui ne la refuse à personne et surtout à une femme qui est malheureuse par l'injustice....... »

La réponse de l'autorité supérieure est écrite sur la requête même de la danseuse : « M. de la Ferté a remis la lettre. — M. le comte de Pradel maintient sa décision. — Les maîtres de ballet ne la vouloient que pour la pantomime, ce ne peut être un genre séparé de celui de danser. »

L'exécution de cet arrêt fut cependant retardé de deux ans : le duc de B... protégeait-il encore Mademoiselle Saulnier ou alla-t-elle réclamer jusqu'aux pieds du Roi ? Toujours est-il qu'elle resta à l'Opéra jusqu'en

182z : elle fut seulement rayée des états entre juin et juillet de cette année.

Un dernier membre de la famille Saulnier : celui-là était donneur de contremarques au parterre, aux appointements de 600 livres. Il était né en 1731, était entré à l'Opéra en l'an X et le quitta au courant de 1808. Ce respectable vieillard, qui avait pu voir défiler toute cette dynastie dansante, était sans doute le plus obscur, mais non le moins honorable représentant du beau nom de Saulnier.

TABLE DES MATIÈRES

A LA MÊME LIBRAIRIE

Catalogues sur Demande

H. DARAGON, Imprimeur — Paris.